M. JOGUET

Souvenirs

Paris. Typ A. PARENT, rue Monsieur-le-Prince, 31.

M. JOGUET

Souvenirs

PARIS

IMPRIMERIE DE A. PARENT.

31, RUE MONSIEUR-LE-PRINCE. 31.

1875

La famille et les amis de M. Joguet ont eu la pieuse pensée de recueillir et de publier les divers témoignages des vifs et unanimes regrets que laisse dans l'Université, et parmi les siens, la perte de cet administrateur habile, de cet esprit si distingué, de cet homme excellent.

Ici sont réunis les articles de divers journaux sur sa mort et ses funérailles, les discours sur sa tombe, la notice lue à l'assemblée annuelle de l'association des anciens élèves de l'Ecole normale supérieure.

On y a joint quelques productions de sa jeunesse, en vers et en prose, retrouvées dans ses papiers ou dans quelques journaux du temps, pour donner une idée de ce talent, remarquablement précoce, de poëte et d'écrivain, à ceux qui ne l'ont pas connu dans sa jeunesse.

Il ne semble pas douteux qu'il se fût fait un nom dans la poésie et dans les lettres, s'il n'eût pas, si jeune encore, renoncé à écrire pour se consacrer tout entier aux fonctions administratives, où il a rendu de si grands services à l'Université.

EXTRAITS DE DIVERS JOURNAUX

SUR

LA MORT ET LES FUNÉRAILLES

DE

M. JOGUET

Nous apprenons, avec une profonde douleur qui sera partagée par de nombreux pères de famille, la nouvelle de la mort de M. Joguet, proviseur du lycée Saint-Louis, décédé la nuit dernière à une heure du matin.

M. Joguet souffrait, depuis plusieurs semaines, d'une pleurésie qui s'est aggravée sans qu'il ait été possible à la science d'en enrayer le cours.

L'Université fait en la personne du digne proviseur du lycée Saint-Louis une grande perte.

C'est à la messe de ce matin, dimanche, que la douloureuse nouvelle a été annoncée aux maîtres et aux élèves que cette mort presque inopinée a cruellement surpris, car M. Joguet, par sa bienveillante et ferme direction, par son caractère élevé et sympathique, s'était concilié l'affection de tous les membres de la grande famille du lycée Saint-Louis, qui portera long-temps le deuil de son cher et excellent proviseur.

Amédée MATAGRIN.

(*Constitutionnel*, 30 novembre 1874.)

———————

Aujourd'hui à midi, ont eu lieu, à l'église Saint-Sulpice, les obsèques du regretté M. Joguet, proviseur du lycée Saint-Louis, officier de la Légion-d'Honneur et de l'Instruction publique. Une immense affluence de membres de l'Université suivait le char funèbre.

Nous avons remarqué MM. Duruy et Jules Simon, anciens ministres de l'Instruction publique, M. Mou-rier, vice-recteur de l'Académie de Paris, M. Bouillier, ancien directeur de l'Ecole normale supérieure, les proviseurs et censeurs des divers lycées de Paris, parmi lesquels M. Ohmer, censeur du lycée Charle-magne, ancien censeur du lycée Saint-Louis; les pro-fesseurs des Facultés; M. Lenglier, censeur, et tout le personnel enseignant du lycée Saint-Louis et de la plupart des autres lycées.

Les élèves internes et externes du lycée, tristes et recueillis, s'avançaient sur les deux côtés du convoi funèbre.

Un grand nombre de pères de famille s'étaient joints au cortége qu'accompagnait une compagnie d'infanterie chargée de rendre les honneurs militaires à l'officier de la Légion d'Honneur, promu en récompense des services rendus pendant les jours de malheur où se sont signalés son abnégation et son patriotisme. Un peloton d'honneur, composé d'une trentaine d'élèves du lycée, escortait le corbillard. Le deuil était conduit par M. de Hansy, conseiller de préfecture à Blois, gendre du défunt, et M. Lenglier, censeur.

La messe a été dite par M. l'abbé Daumas, aumônier du lycée. Chacun rendait hommage aux qualités si nombreuses et si solides du digne administrateur que l'Université et le lycée Saint-Louis viennent de perdre, et l'éloge de son caractère, si droit et si sympathique, était dans toutes les bouches. Le deuil était au fond de tous les cœurs.

Ancien élève de l'Ecole normale supérieure, professeur d'histoire au lycée de Nancy, successivement proviseur aux lycées de Tours, Orléans, Marseille, Versailles et Saint-Louis, M. Joguet a toujours fait aimer en lui le fonctionnaire plein de dévouement et de zèle, à l'esprit si distingué, si fin et si juste, autant que l'homme de bien et d'un grand bon sens. Son nom est un de ceux qui resteront gravés dans le cœur des pères de famille et des élèves qui ont eu le bonheur d'être placés sous sa sage et fortifiante direction.

Amédée MATAGRIN.

(*Constitutionnel*, 2 décembre 1874.)

Voici quelques détails complémentaires sur les obsèques de M. Joguet, proviseur du lycée Saint-Louis l'un des plus hommes de bien, les plus estimés dans l'Université :

A l'église, l'affluence était si considérable, que beaucoup de personnes n'avaient pu trouver à se placer dans la nef. Au cimetière, trois discours ont été prononcés : par M. Deltour, inspecteur d'Académie, au nom de M. le recteur ; par M. Bouillier, inspecteur général, au nom des amis de M. Joguet ; par M. Lissajoux, professeur au lycée Saint-Louis, au nom de ses collègues. Les trois orateurs ont rendu un juste hommage aux rares qualités d'un homme qui a honoré ses fonctions, si belles qu'elles fussent, par l'élévation de son esprit, la noble fermeté de son caractère, la sûreté de son commerce et un dévouement qui eût été jusqu'au sacrifice de sa vie. M. Bouillier a, en effet, rappelé qu'aucune menace ne l'avait fait fléchir, quand, à la dernière heure de la Commune, des forcenés se présentèrent au lycée, en le sommant de livrer ses plus grands élèves, qu'ils voulaient mener sur les barricades. Le recueillement de la nombreuse assistance et surtout la tristesse visible sur les visages du millier d'enfants et de jeunes gens qui écoutaient les discours, en étaient le saisissant commentaire.

(*Liberté*, 3 décembre 1874.)

Les obsèques de M. Joguet, proviseur du lycée Saint-Louis, ont été célébrées hier à l'église Saint-Sulpice, en présence d'une foule énorme qui débordait jusque sur les marches de l'église, et où l'on remar-

quait d'anciens ministres, la plupart des dignitaires
et des fonctionnaires de l'Académie de Paris, des po-
lytechniciens, anciens élèves du lycée, tous les élèves,
externes et internes, qui faisaient la haie autour du
cortége. Le recueillement qu'on voyait sur ces jeunes
visages témoignait que le lycée Saint-Louis sent la
grandeur de la perte qu'il vient de faire. M. Joguet,
en effet, était le modèle accompli de l'administrateur
universitaire ; l'exercice de l'autorité lui était facile,
parce que tous, professeurs et élèves, sentaient la supériorité de son intelligence, et qu'à l'élévation d'un
esprit, qui allait d'instinct aux grandes idées et aux
grands problèmes, il joignait un dévouement à sa
tâche, une assiduité au labeur que rien n'a pu lasser,
et la plus parfaite expérience, la connaissance la plus
approfondie des devoirs de sa profession. Ceux qui
l'ont connu en particulier, qui ont entendu sa conversation tour à tour charmante et grave, et ces allocu-
tions à ses élèves où vibrait la vaste éloquence, diraient
même qu'il était supérieur à sa profession, s'il en
était de plus belle que celle où a excellé l'homme éminent que vient de perdre l'Université.

(La Presse, 3 décembre 1874.)

Un nombreux cortége a suivi hier jusqu'au cimetière Montparnasse la dépouille d'un homme de bien,
qui s'était acquis l'affection et le respect de tous ceux
qui ont été en relations avec lui. M. Joguet, proviseur du lycée Saint-Louis, et officier de la Légion

d'Honneur, jouissait d'une estime et d'une considération que justifiaient pleinement son commerce sûr et la distinction de son esprit ; les fonctionnaires attachés au grand établissement dont il était le chef connaissaient du reste sa bienveillance et son dévouement à leurs intérêts ; ses élèves rendaient tous témoignage d'une bonté et d'une douceur qui tempéraient les rigueurs de la discipline sans l'affaiblir. Aussi peut-on dire de lui avec raison [qu'il ne laisse que des regrets.

Les cordons du poêle étaient tenus par M. Mourier, recteur de l'Académie de Paris ; M. Girard, proviseur de lycée ; MM. Wacquant et Denis, professeurs au lycée Saint-Louis, et par deux élèves de cet établissement.

Parmi les personnes qui suivaient le char funèbre, nous avons remarqué notamment MM. Duruy, Jules Simon, Egger, Bouillier et Lenglier, censeur du lycée.

Trois discours ont été prononcés sur la tombe : le premier, par M. Deltour, inspecteur d'académie ; le second, par M. Bouillier, l'un des amis du défunt, et le dernier, par M. Lissajous, professeur au lycée Saint-Louis, au nom de ses collègues.

(*Journal des Débats*, 3 décembre 1874.)

Nous avons annoncé, il y a peu de jours, la mort de M. Joguet, proviseur du lycée Saint-Louis, enlevé, après une courte maladie, à l'affection de ses amis, et à un âge où l'Université devait encore espérer de lui de longs et utiles services. Mardi dernier, une foule nombreuse et recueillie accompagnait à sa dernière demeure cet homme de bien. Successivement proviseur à Nancy, Reims, Orléans, Marseille et Versailles, M. Joguet, placé depuis sept ans à la tête du lycée Saint-Louis, a partout laissé, avec les plus honorables souvenirs, les traces de son habile direction. A la plus délicate loyauté de caractère, à la finesse pénétrante d'un esprit qui n'était resté étranger à aucune des nobles études de notre temps, M. Joguet joignait le plus entier dévouement aux intérêts de la jeunesse. Nul ne savait la diriger avec une bonté à la fois plus affectueuse et plus ferme. La conduite de M. Joguet, au moment où la Commune soutenait contre l'armée nationale une lutte désespérée, a été avec raison rappelée sur sa tombe comme l'un des actes qui honorent le plus sa mémoire. Des insurgés qui étaient venus exiger qu'on leur livrât, pour les enrôler dans leurs rangs, les élèves des divisions supérieures, trouvèrent M. Joguet inébranlable dans son refus, et, malgré la menace d'être fusillé immédiatement, il ne laissa pas ouvrir les portes qui conduisaient aux cours intérieures du lycée. M. Joguet fut le seul à être surpris qu'on récompensât par la croix d'officier de la Légion d'honneur ce qu'il regardait comme le strict accomplissement de ses devoirs. Cet homme bon et modeste qui savait ainsi, à un jour donné, élever son devoir jusqu'au sacrifice de sa vie, méritait de donner aux jeunes gens une dernière leçon, celle d'une mort résignée et chrétienne. Il l'a fait, et lui-même, sentant les progrès du mal, ne voulut accepter aucune des illusions dont ses amis cherchaient à l'entourer. Il reçut les derniers sacrements, et, après avoir de la manière la plus touchante recommandé à sa fille d'élever surtout chrétiennement ses enfants, il s'éteignit avec calme, dans la foi et l'espérance chrétiennes.

(*Le Français*, 5 décembre 1874.)

DISCOURS

Prononcé par M. DELTOUR,

Inspecteur d'Académie,

TOMBE DE M. JOGUET

———∽∾∾∽———

Messieurs,

M. le recteur aurait voulu accompagner jusqu'à
cette dernière demeure les restes mortels de l'habile
proviseur, de l'homme excellent et respecté dont nous
pleurons la perte. Il aurait trouvé une satisfaction
douloureuse à témoigner, par un suprême et public
hommage, de son estime et de son affection pour un
collaborateur dont il honorait le caractère et les émi-
nents services. Rappelé à ce moment même par d'im-
périeux devoirs, il a daigné me confier la tâche d'ex-
primer sur cette tombe ses sentiments, ceux de l'Académie de Paris et de toute l'Université. Il s'est rappelé que, naguère encore professeur au lycée Saint-
Louis, j'ai vécu pendant trois ans auprès de
M. Joguet, témoin de son administration active,
vigilante, ferme autant que paternelle ; que j'ai pu

apprécier son affectueuse équité pour les fonctionnaires, sa sollicitude inquiète pour les élèves, cet
esprit de mesure, de prudence, de conciliation, si nécessaire au gouvernement d'une grande maison, son
souci des bonnes études et de la bonne discipline, de
l'éducation morale et religieuse des jeunes gens. Il
savait que, comme inspecteur, j'avais retrouvé M. Joguet dans ces conférences de l'Académie, où le proviseur de Saint-Louis apportait à notre digne pré-
sident et à nous tous le précieux concours de sa
longue expérience, de sa connaissance profonde des
méthodes, les lumières de son jugement si droit et
si fin, l'autorité de son caractère si honnête et si cor-
dial.

Ces qualités, M. Joguet les avait déployées déjà
dans la direction d'importants lycées, où son passage
a laissé des traces profondes. Nancy, Reims, Tours,
Orléans, Marseille ne l'ont pas oublié ; il occupait ce
ce dernier poste, lorsque le chef de notre Académie,
juste appréciateur des bons services, le recommanda
au choix du ministre pour la direction du grand lycée
de Versailles. Bientôt la nomination de M. Joguet à
Paris était une récompense nouvelle et une marque
plus haute encore de la confiance de l'administration
supérieure. La tâche était difficile : il fallait remplacer un proviseur justement aimé, dont tous, élèves
et maîtres, regrettaient le départ volontaire. Nous
savons, Messieurs, comment M. Joguet a marché sur
les traces de son habile prédécesseur, comment il a
continué les progrès de la prospérité du lycée Saint-
Louis; comment, dans un temps de calamités, il a
joint aux qualités de l'administrateur le dévouement

du chef de famille; comment il a su défendre ses élèves avec la courageuse énergie d'un père.

Les distinctions n'ont pas manqué à cette carrière si honorable et si pleine. Il y a peu d'années, nous félicitions notre proviseur de cette croix d'officier de la Légion d'Honneur, juste prix de trente-huit années de laborieux services. Mais la reconnaissante affection de ses élèves et de ses collaborateurs le payait plus doucement des soucis et des fatigues de ses absorbantes fonctions. Qui de vous, mes chers collègues de Saint-Louis, ne se rappelle ce dernier banquet de Saint-Charlemagne, où sa parole vive, enjouée, spirituelle, nous tint sous le charme; où les chaleureuses acclamations des élèves et des maîtres saluèrent cette voix aimable et sympathique. Hélas! qui nous eût dit que cette allocution était un adieu, et qu'à cette fête de famille succéderaient bientôt le deuil et les larmes d'une cérémonie funèbre? La vie d'ici-bas est pleine de ces contrastes qui nous surprennent toujours, malgré le nombre et l'éclat des exemples. Du moins, M. Joguet n'a pas été surpris par la mort; malgré les illusions d'une tendresse confiante, il avait senti l'approche du grand jour : « Il faut se préparer, » disait-il aux amis qui le flattaient d'une guérison prochaine; et, au moment suprême, il était prêt, et l'appel d'en haut le trouva ferme et tranquille. Jeunes gens, écoutez cette leçon, la dernière qu'il vous donne, et tous emportons de cette tombe, où son corps seul est enfermé, plus de forces, plus de vertus civiques et chrétiennes pour soutenir, dans ces temps troublés, les luttes de la vie, et pour satisfaire à tous nos devoirs.

DISCOURS

PRONONCÉ

Par M. LISSAJOUS,

Professeur au lycée Saint-Louis,
Actuellement recteur à Chambéry.

Messieurs,

La mort a frappé dans la personne de M. Joguet un
des hommes les plus aimables et les plus aimés qui
aient honoré le provisorat; le lycée Saint-Louis a été
pendant six ans heureux et prospère sous son habile
direction, et les professeurs de ce lycée manqueraient
aux devoirs sacrés de la reconnaissance, s'ils ne venaient déposer sur cette tombe le tribut unanime de
leurs regrets.

Cher proviseur! nous espérions, nous désirions le
conserver longtemps encore à notre tête : car nul
plus que lui, dans les circonstances difficiles que
nous traversions, ne pouvait comprendre tout ce
qu'ajoutent à l'autorité d'un homme appelé au gouvernement des intelligences, l'estime, la confiance, le
respect et l'affection de ceux qu'il dirige.

Notre estime lui était acquise, notre confiance il l'avait tout entière. Et comment en aurait-il été autrement? N'avait-il pas vieilli dans ces fonctions délicates du provisorat, où il apportait l'expérience d'un administrateur éprouvé, une profonde connaissance des hommes, un esprit dégagé de préjugés, le tact, le bon sens, la droiture, et par-dessus tout la bienveillance et la délicatesse d'un homme de cœur?

Comment ne l'aurions-nous pas respecté et aimé, lui si aimable et si digne de respect, lui dont l'autorité s'exerçait avec une fermeté intelligente que tempérait l'amabilité des formes, lui dont la loyauté rayonnait sur tous ses actes, dont l'accueil toujours bienveillant attirait à lui les cœurs avant que les séductions de sa parole eussent conquis les intelligences ?

Quand il entra au lycée Saint-Louis, il y eut parmi nous un instant de défiance : ceux qui ne le connaissaient pas ne devinaient pas au premier moment l'homme d'esprit et l'homme de cœur. Il succédait à un fonctionnaire qui avait laissé parmi nous d'unanimes regrets et d'excellents souvenirs. C'était une tâche difficile que de remplacer, lui homme de lettres, dans un lycée où la science est en si grand honneur, un homme à qui sa notoriété scientifique donnait une légitime influence, à qui son caractère assurait toutes les sympathies, qui avait été notre collègue et notre ami, avant d'être notre chef.

Nous pouvions craindre que M. Boutan ne fût pas remplacé. Dès la première réunion des professeurs nos craintes étaient dissipées. Par le charme de sa parole, la finesse de son esprit, la simplicité cordiale de ses manières, la justesse de ses vues, l'élévation de ses sentiments, M. Joguet avait entraîné tous ses collaborateurs.

Quelques mois plus tard, au banquet de la Saint-Charlemagne, M. Joguet et son prédécesseur étaient assis côte à côte, et nous avions la douce satisfaction de fêter dans une même réunion de famille le proviseur de la veille et celui du lendemain.

Grâce à M. Joguet, qui suivait en cela l'exemple de ses prédécesseurs, le corps des professeurs a pu conserver ces vieilles traditions de bonne et cordiale confraternité qui sont l'honneur du lycée Saint-Louis.

Grâce à lui, nous avons pu, autant que par le passé, plus encore peut-être, être associés dans une large part à l'étude et à la mise en œuvre de tout ce qui pouvait maintenir et accroître la vieille réputation de notre lycée.

M. Joguet aimait à consulter ses collaborateurs, il le faisait souvent avec utilité, toujours avec plaisir. Il semblait heureux de fortifier sa vieille expérience par le contact d'expériences plus jeunes sans doute, mais dont la compétence était sur certains points plus autorisée que la sienne.

Ces réunions de fonctionnaires qui, dans d'autres établissements, avaient été une gêne et parfois un danger, étaient chez nous une des forces de la maison, il aimait à le reconnaître. Pour nous c'était une occasion précieuse de nous serrer avec bonheur autour de lui, comme les enfants se serrent avec amour autour du chef vénéré de la famille.

Qui de nous ne regrettera ces heures si vite écoulées, où il nous appelait près de lui, bien moins pour délibérer sous sa présidence que pour causer affectueusement sous sa direction? Réunions pleines de charme, où il accueillait avec bienveillance l'avis de chacun, acceptait avec empressement toute bonne inspiration, quel qu'en fût l'auteur, relevait avec une logique impitoyable et une finesse charmante tout ce qui prêtait à la critique, et résumait la délibération avec une verve étincelante et un bon sens exquis.

Esprit éminemment libéral, M. Joguet recherchait avant tout la vérité, il l'écoutait sans crainte, la disait sans hésitation à tous, mais avec tant de loyauté et de franchise, tant d'originalité et de finesse, que nul ne pouvait se refuser à l'entendre.

Tout ce qui faisait de lui un homme aimable et bon se représente à notre esprit, et vient accroître l'amertume de nos regrets dans ce moment si cruel pour tous. Il vivra longtemps dans notre souvenir, Messieurs.

Vous ne l'oublierez pas non plus, jeunes élèves, vous qui avez été sa préoccupation constante jusqu'à sa dernière heure. Vous honorerez la mémoire de cet homme de bien qui vous a tant aimés.

Unissez donc vos larmes à celles de cette famille désolée dont il est l'honneur et l'exemple. C'est un devoir sacré pour vous, qu'il a sauvés pendant nos discordes civiles, au péril de ses jours, avec le courage héroïque d'un père qui défend ses enfants.

Adieu donc, chef vénéré, excellent maître, ami dévoué!

Au nom de tout le lycée Saint-Louis, adieu!

DISCOURS

DE

M. FRANCISQUE BOUILLIER
Inspecteur général de l'Université.

~~~~~~~~~~~~~

Messieurs, après ce noble et touchant adieu de l'Université de France et de l'Académie de Paris (1), vous permettrez à un de ses plus anciens camarades, à un de ses meilleurs amis, de venir ajouter quelques paroles au nom de sa famille et de ses amis.

J'ai connu Joguet, brillant élève du lycée de Lyon, où tous deux nous eûmes un même professeur de philosophie, maître aimé et vénéré (2), qu'il devait avoir la consolation, bien des années plus tard, de retrouver à son lit de mort. Puis, en 1835 et 1836, je l'ai retrouvé non moins brillant élève de l'Ecole normale, où il était entré fort jeune, et où déjà il s'était fait remarquer par la distinction de son esprit et par de rares qualités littéraires.

---

(1) Allusion au discours de M. Deltour, inspecteur de l'Académie.

(2) L'abbé Noirot, professeur de philosophie.

Il a toujours beaucoup aimé la poésie ; lui-même il eût été sans doute un poëte, s'il se fût abandonné plus longtemps à son goût naturel, ou s'il se fût laissé séduire par les encouragements et les suffrages des maîtres et des juges les plus autorisés qui applaudissaient au talent du jeune poëte, encore sur les bancs de l'école, ou même sur les bancs du collége.

Je me souviens aussi avec quelle ardeur il amassait des matériaux, qui malheureusement ne devaient pas être mis en œuvre, pour une histoire, que personne encore n'avait faite, de la littérature française. Mais si le public n'a pas profité de ces recherches, elles ne restèrent pas stériles pour lui-même ; il en avait gardé les connaissances littéraires les plus étendues et les plus variées. D'ailleurs, aux travaux d'érudition s'ajoutaient chez lui le goût, un vif sentiment du beau, avec la mémoire la plus heureuse, riche jusqu'à la fin, non-seulement de faits et de dates, mais des plus beaux vers des meilleurs poëtes de toutes les écoles.

En même temps qu'aux lettres, son esprit ardent et généreux ne demeurait étranger à aucune des grandes questions de philosophie sociale, religieuse et politique qui s'agitaient alors si vivement autour de nous. Au sortir de l'Ecole, il fut en relation intime avec des hommes qui étaient au premier rang dans la presse, dans la politique et dans le monde des idées, avec Carrel et Petetin, avec Pierre Leroux et Jean Reynaud qui, comme ses maîtres de l'Ecole, comme MM. Nisard et Michelet, admiraient la précocité de son talent et de son savoir. Collaborateur de l'*Encyclopédie nouvelle*, pendant un congé qu'il fut obligé de prendre à cause de sa santé, il y a écrit une série d'articles de littérature et d'histoire où, avec tout le meilleur de l'enseignement de l'Ecole, on trouve des vues qui lui sont propres en un style ferme, élevé et chaleureux.

Un des plus remarqués, non-seulement en France, mais en Allemagne, est l'article sur Diderot où il a peint avec bonheur la physionomie originale de ce fougueux penseur, et où il a saisi le caractère particulier de son matérialisme vivant et panthéiste, avec une pénétration qui a manqué à plus d'un historien de la philosophie. Dans cette encyclopédie inachevée, se trouve parsemé tout ce qui nous reste d'une plume qui semblait devoir être si féconde ; c'est là que nous renvoyons ceux qui n'ayant connu de notre ami que sa vie administrative voudraient apprécier l'étendue de ses connaissances littéraires et historiques, l'élévation de ses vues et son talent d'écrivain.

Tous à l'Ecole, ses maîtres, comme ses camarades, nous étions persuadés qu'il se ferait un nom dans les lettres, dans l'histoire ou dans la politique. Nous avons été trompés dans des prévisions qui semblaient si bien fondées ; diverses circonstances le jetèrent dans une autre voie et, au lieu d'un écrivain, Joguet a été, ce dont l'Université n'a pas à se plaindre, un excellent administrateur. De bonne heure, il y a déjà vingt-six ans, il passait immédiatement, sans traverser les fonctions de censeur, de la chaire d'histoire au provisorat du lycée de Nancy. Après avoir administré plusieurs lycées de province avec un succès qui le désignait toujours pour des postes plus importants, il fut appelé de Marseille à Versailles, et de Versailles au

lycée Saint-Louis, qui aujourd'hui en deuil est là tout
entier autour de sa tombe.

Pendant sept années, dans les plus mauvais jours,
comme dans les bons, pendant les deux siéges, et jusque sous les obus, il a gouverné cette grande maison
avec une vigilance et une sollicitude de tous les instants, avec des qualités supérieures d'esprit et de
conduite, avec une sérénité, une bonté, un esprit de
conciliation, une loyauté qui étaient dans son caractère, avec un tact et une sagesse qui étaient les fruits
de sa longue expérience.

Il savait parler, non moins bien qu'il savait écrire.
Combien cette parole facile et ingénieuse, qui prenait
toujours le ton le plus en harmonie avec le caractère
de chacun et avec les circonstances, dans un banquet
de la Saint-Charlemagne, dans une distribution de
prix, comme sur une tombe, n'était-elle pas sympathique à tous et n'ajoutait-elle pas à son autorité sur
les maîtres et les élèves ? Il avait l'art, qui importe
tant à un chef de maison, de parler à la raison et au
cœur des jeunes gens et de les ramener par la persuasion à des sentiments meilleurs.

Cependant, quelque absorbé qu'il fût par les soins
du provisorat, il prenait le temps, à mesure que sa
vie s'écoulait, pour un retour sur lui-même et pour
les grandes et sérieuses pensées. Sénèque, qu'il avait
beaucoup étudié, et sur lequel il a fait un de ses meilleurs articles de l'*Encyclopédie*, entre tant de fortes et
de courageuses paroles sur la mort, a dit celle-ci : *Cir-
cumspiciendum est quo modo exeas.* Oui, tous nous
devons considérer de quelle manière nous nous en
irons. Notre ami y avait sérieusement pensé ; aussi

s'en est-il allé avec calme, avec résignation, et sans nulle faiblesse, quoique au milieu des soins les plus touchants et des pleurs, qui ne pouvaient toujours se cacher, de la famille la plus dévouée, la plus chère, la plus digne de l'être , il s'en est allé, non sans emporter avec lui ces hautes espérances, philosophiques et chrétiennes, dont il aimait à s'entretenir avec ses amis.

Vous tous, ses biens chers élèves, vous qui avez été, jusqu'à son dernier jour, présents à sa pensée ; vous qui l'avez accompagné, si tristes et si recueillis, jusqu'à ce lieu terrible où on se sépare pour toujours, vous garderez longtemps dans votre cœur, j'en suis sûr, sa mémoire, ses leçons et ses conseils, vous ne l'oublierez pas, pas plus qu'il ne vous oubliait luimême.

Vous n'oublierez pas, surtout, avec quel courage il sut résister à ceux qui, dans les derniers et les plus mauvais jours de la Commune, vinrent par deux fois, la menace à la bouche et le sabre à la main, le sommer de lui livrer vos camarades pour les forcer, par le plus abominable des crimes, à combattre avec eux contre l'armée française. Joguet ne les livra pas ; il ne les eût pas livrés, je le connaissais bien, quand même il aurait dû grossir la liste des otages, quand même, comme le bon pasteur, il aurait dû sacrifier sa vie pour son troupeau et pour son devoir.

NOTICE SUR M. JOGUET

M. BOUILLIER.

Lue dans la séance de l'association des anciens élèves de l'École
normale, le 10 janvier 1874, à la Sorbonne.

M. Joguet, proviseur du lycée Saint-Louis, dont
notre association déplore la perte toute récente, était
né à Lyon, au mois de décembre 1815. Son père occupait un rang honorable dans la grande industrie lyon-
naise, mais il fut ruiné par un de ces caprices et une
de ces révolutions de la mode qui trompent les calculs
des plus habiles et des plus prudents. Heureusement
un riche et généreux Lyonnais (1) avait eu la pensée,
en vue de pareilles infortunes, de fonder deux bourses
au collège en faveur d'enfants dont les pères auraient
succombé avec honneur et loyauté dans ces luttes et
ces hasards du commerce et de l'industrie.

Une de ces bourses fut donnée au jeune Joguet qui
s'en montra digne par sa vive et précoce intelligence,

_____

(1) M. Grognard.

par son travail et ses succès. Il fit toutes ses études au collége de Lyon, où il eut pour professeur de philosophie l'abbé Noirot, maître excellent, qu'aucun de ses nombreux élèves, dans tous les rangs et dans tous les partis, n'a oublié, pour lequel Joguet en particulier avait gardé toute sa vie la plus affectueuse vénération, et qu'il devait avoir la consolation suprême de retrouver à son lit de mort.

Il quitta le collége de Lyon en 1833 pour l'École normale, où il entra le plus jeune de sa promotion, à peine âgé de 17 ans. Quand je l'y retrouvai, l'année suivante, il s'était déjà fait remarquer par la distinction et la vivacité de son esprit, par de rares qualités littéraires, et même par un véritable talent pour la poésie, qui s'était révélé dans l'intimité à quelques-uns de ses camarades et de ses maîtres.

Joguet était né poëte ; il a, pour ainsi dire, écrit en vers avant d'écrire en prose. Dès l'âge de 14 ans, et même plus tôt, il faisait avec une merveilleuse facilité des pièces de vers d'une facture si ferme et d'une langue si harmonieuse que tous s'étonnaient qu'elles fussent l'œuvre d'un écolier. Quelques indiscrétions, quelques odes ou épîtres, adressées à divers personnages et publiées dans les journaux, lui avaient déjà fait une certaine réputation au dehors lorsqu'il était encore sur les bancs du lycée.

La Révolution de Juillet vint exciter sa jeune et ardente imagination : il chantait la liberté, la Grèce, la Pologne, et même aussi la République. Il est vrai que les idées républicaines s'associaient alors, dans une partie de la jeunesse, aux sentiments les plus nobles et les plus patriotiques. Joguet n'avait eu nul souci de réunir et même de conserver ces essais poétiques pour lesquels il était devenu un juge beaucoup trop sévère, quoiqu'ils fissent concevoir à tous, s'il eût persévéré, de grandes espérances.

Nous voudrions cependant, au moins par une citation, donner quelque idée de ce talent, aujourd'hui à peu près ignoré, de notre cher camarade, beaucoup plus connu de la plupart d'entre nous par ses qualités administratives que par ses poésies. Voici deux strophes d'une ode à Petetin, qui était alors rédacteur du *Précurseur*, à Lyon :

> Le Progrès notre maître est un froid égoïste,
> Il s'inquiète peu si son triomphe est triste,
>   S'il coûte des pleurs et du sang ;
> Il a son but marqué, le voit et court l'atteindre
> En laissant dans sa marche et souffrir et se plaindre
>   Tous ceux qu'il écrase en passant.
>
> Au sol que nous foulons, sur son char qu'il promène.
> Il a déjà broyé plus d'une race humaine,
>   Prendra-t-il encor celle-ci ?
> Et, dans les fondements de la cité nouvelle,
> Comme pierre à bâtir, sans pitié, pêle-mêle,
>   Les enfouira-t-il aussi ?

Cette ode, qui est longue, serait tout entière à citer. Il ne faut pas, d'ailleurs, oublier que Joguet, quand il a fait ces vers, n'avait que 16 ans.

Ce sont des pièces de vers de ce genre qui, pendant qu'il était encore à l'École, lui valurent les encouragements et l'amitié de Carrel, remarquable écrivain et juge fort compétent du mérite des œuvres littéraires. Cependant Joguet, malgré ces moments donnés à la muse, ne négligeait pas les études et les travaux que réclamaient de lui l'École et ses maîtres de conférences. Ses camarades n'ont pas oublié avec quelle ardeur il ramassait des matériaux et des notes pour une histoire de la littérature française, que nul n'avait faite encore, et dont déjà il avait conçu la pensée. Son érudition était dirigée par un vif sentiment du beau, en même temps qu'aidée par la mémoire la plus heureuse, riche non-seulement de faits et de dates, mais des plus beaux vers des poëtes de toutes les écoles.

Deux des maîtres qui avaient alors la plus grande influence à l'École, M. Michelet et M. Nisard, eurent pour ce brillant élève une estime particulière, et entretinrent avec lui, pendant bien des années, d'affectueuses relations.

Il avait fait quelques confidences poétiques à M. Nisard et lui avait demandé conseil sur sa vocation et son avenir. Il y a trop de talent dans vos vers, lui répondit ce juge d'un goût si sûr, pour que je vous conseille de n'en plus faire, et cependant le métier est si ingrat, pour qui n'arrive pas au premier rang, que je n'ose vous engager à vous faire poëte (1).

Au sortir de l'École, il fut nommé professeur de troisième au lycée de Dijon, où il ne resta que quelques mois. Sa santé, qui était alors très-faible, et qui avait été éprouvée par la vie et par le travail de l'École, l'obligea à prendre un congé et à renoncer provisoirement à l'enseignement.

Il passa trois ou quatre ans à Paris, en dehors de l'Université, l'esprit ouvert à toutes les idées nou-

(1) Nous reproduisons ces paroles d'après M. Nisard lui-même.

velles, mêlé au mouvement littéraire, philosophique
et politique de l'époque, en relation intime avec
Carrel, Anselme Petetin, Pierre Leroux et Jean Raynaud. Il collabora, pour la partie littéraire, au journal
le *Monde*, qui avait passé sous la direction de son ami
Anselme Petetin, après avoir appartenu à Lamennais.
Ce journal, qui, par suite d'une manœuvre industrielle
et politique, ne devait avoir qu'une courte durée,
s'était déjà fait une place à part dans la presse, et
avait conquis de nombreuses sympathies par son indépendance à l'egard des partis, par l'élévation de ses
vues, par le talent de ses rédacteurs. C'était un journal
républicain, mais il l'était d'une manière particulière
et originale; il faisait énergiquement la guerre au ja-
cobinisme et à la Terreur, aux partisans de l'insurrection en permanence; il professait le respect du droit
de la liberté de tous. Les articles de Joguet n'étaient
pas d'un feuilletonniste ordinaire; c'étaient des études
développées et de haute critique sur les plus illustres
contemporains, sur Victor Hugo, Michelet, Salvador
et sur nos grands écrivains classiques, comme Racine
et Montesquieu.

En même temps il écrivait aussi dans l'*Encyclopédie nouvelle* de Pierre Leroux et de Jean Raynaud,
œuvre considérable, quoique inachevée, qui a intro-
duit plus d'une idée nouvelle dans la critique historique, philosophique et religieuse. Joguet y a publié
de nombreux articles de littérature et d'histoire sur
les hommes et sur les sujets les plus importants. Les
articles littéraires de l'*Encyclopédie*, comme ceux du
Monde, sont remarquables par la fermeté et l'élévation de la critique, par une chaleur du style qui vient

d'une âme sensible à toutes les beautés de l'éloquence, de l'art et de la poésie. Cette admiration émue, mêlée à l'analyse et à la critique, donne un intérêt et un charme particuliers à certains articles de l'Encyclopédie, parmi lesquels nous citerons celui sur Senèque et surtout celui sur Fénelon. La vie et les œuvres de Fénelon, la nouveauté et la hardiesse de ses idées politiques et littéraires n'ont peut-être jamais été appréciées, d'une façon plus complète avec une plus juste et plus profonde sympathie.

Il a publié aussi dans le même recueil une série d'articles sur les empereurs romains. Caton, a dit Michelet, était l'homme de la loi, César était l'homme de l'humanité. Telle est la pensée dont Joguet s'est inspiré dans ses jugements sur l'Empire romain. Nous signalerons surtout un beau tableau du règne de Trajan et une savante et originale étude sur Titus, où il montre les rapports de la dynastie Flavienne avec le mouvement religieux qui agitait alors le monde, et l'habileté avec laquelle Vespasien et Titus surent l'exploiter à leur profit. Enfin nous mentionnerons encore un article sur Diderot, plus d'une fois cité à l'étranger. Joguet y a dépeint avec fidélité et avec verve la physionomie originale de ce fougueux penseur ; il a saisi le vrai caractère de son matérialisme panthéiste, et en quelque sorte animé et vivant, avec une pénétration qui a manqué à plus d'un historien de la philosophie.

Il semblait que, dans toute la jeune génération littéraire de ce temps, nul ne fût plus assuré que Joguet, de se faire un nom honorable dans la carrière des lettres. Mais, quoique les encouragements ne lui aient

pas manqué et malgré ces premiers succès, dont tant
d'autres eussent été enivrés, il renonça tout à fait
à écrire avec une modestie et une sagesse, à notre
avis excessives, dès qu'il rentra dans l'enseignement
et dans l'Université. En 1839, il quitta Paris et le
monde littéraire pour occuper la chaire d'histoire du
Collége royal de Nancy. C'est à Nancy qu'il épou-
sait, deux ans plus tard, la femme excellente et dévouée qui devait faire le bonheur de sa vie. En 1848,
il fut nommé proviseur dans le même lycée.

Il réussit, dès son début, dans ces délicates et difficiles fonctions du provisorat qu'il ne devait pas cesser
de remplir avec la plus rare distinction jusqu'à la fin
de sa vie. Il a administré successivement les lycées de
Tours, de Reims, d'Orléans, de Marseille. « Il n'est
pas de lycée où il a passé, disait le Bulletin de l'instruction publique du 24 décembre, qu'il n'ait laissé
plus florissant qu'à son arrivée. » De Marseille il fut
appelé à Versailles et, en 1868, de Versailles, où il a
laissé de si bons souvenirs, au lycée Saint-Louis où
il devait mourir.

Il a été à la tête de ce grand lycée pendant les jours
les plus difficiles, pendant deux longs siéges et deux
bombardements. Il y a montré, avec une sollicitude
de tous les instants, des qualités supérieures d'esprit
et de conduite, un tact et une sagesse qui étaient les
fruits d'une longue expérience. Ajoutons aux qualités
de l'administrateur les qualités de l'homme privé,
cette douceur, cette bonté, cette loyauté qui étaient
dans son caractère, et qui le faisaient aimer de
tous.

On peut bien dire de lui, comme Fontenelle d'un des

académiciens dont il a fait l'éloge, qu'il était doux, même dans son intérieur.

Au talent de bien écrire, il joignait celui de bien parler ; il parlait en public avec facilité, avec élégance, avec esprit, sans nul papier à la main, soit dans une distribution de prix, soit dans un banquet de la Saint-Charlemagne. Dans le banquet de l'année dernière, le dernier auquel il devait présider, il a charmé, par les grâces de sa parole, tous ceux, maîtres et élèves, qui l'ont entendu. Cette parole heureuse, pleine d'à-propos, proportionnée à chacun, sympathique à tous, ajoutait encore à son autorité. Il avait cet art, qui importe tant au chef d'une maison d'éducation, de savoir parler à la raison et au cœur des jeunes gens et de les ramener par la persuasion à de meilleurs sentiments. Au mois d'août 1870, il reçut la croix d'officier de la Légion d'Honneur, juste récompense de services si longs et si distingués.

Dans le cours uniforme de ce dévouement modeste et sans bruit à ses fonctions, dans cette vie tout intérieure et purement administrative, il est cependant un fait saillant où s'est révélé l'homme de cœur prêt à tout sacrifier pour son devoir. Dans un des derniers et des plus mauvais jours de la Commune, deux fois des officiers de l'insurrection, le sabre à la main et la menace à la bouche, vinrent en vain le sommer de leur livrer les grands élèves restés au lycée pour les forcer, par le plus abominable des crimes, à combattre avec eux sur les barricades contre l'armée française. Que serait-il arrivé si le lendemain même la Commune n'avait pas été vaincue ? Tous ceux qui connaissaient le proviseur de Saint-Louis affirmeront, sans hésiter, qu'il n'eût pas cédé à de nouvelles menaces, dût-il aller grossir la liste des otages (1).

Il semblait appelé à rendre encore des services à l'Université ou au moins à jouir de ces années d'un repos mérité, qui sont comme un intervalle entre la vie et la mort, quand il fut atteint de la maladie qui devait si promptement nous le ravir. Toutefois la mort ne l'a pas surpris ; il y pensait souvent, il aimait à s'entretenir avec ses amis des hautes questions qui s'y rattachent et du problème de la destinée humaine. Aussi est-il mort en sage, en chrétien, avec calme, résignation, quoique se sachant mourir, avec une grande espérance, avec une sorte de recueillement philosophique et religieux, après avoir serré la main de ses amis, et dans les bras d'une femme, d'une fille (2) qu'il aimait tant, et qui étaient si dignes d'être aimées.

Par l'affluence vraiment extraordinaire qui se pressait à ses funérailles, par la présence de tous ses chefs de l'Université, par le concours de tous les collaborateurs, anciens et nouveaux, dont il savait si bien apprécier et faire valoir les services, par l'attitude si triste et si recueillie de tous les élèves, petits et grands, du lycée Saint-Louis, en tête desquels marchaient leurs anciens, élèves de l'Ecole Polytechnique ou de l'Ecole Normale, on a pu voir combien notre cher camarade, notre ami, était estimé, regretté et aimé de tous.

(1) Le Bulletin de l'Instr. publique (juin 1871) a loué le courage dont M. Joguet a fait preuve dans cette circonstance.

(2) Madame de Hansy. Il faut nommer aussi son gendre M. de Hansy, conseiller de préfecture à Blois, qu'il aimait comme un fils et dont les soins affectueux ont adouci ses derniers moments.

PIÈCES DE VERS

COMPOSÉES

PAR M. JOGUET,

DE 15 A 17 ANS.

LA MAISON DES VIEUX PARENTS

Il est, ô mon ami, sous un ciel plus prospère,
Loin du triste Paris, la ville des méchants,
Au pays fortuné qui vit naître mon père
    Et dans ses plus beaux champs,

Un vallon gracieux où mon humble famille
A sa blanche maison qu'on montre à l'étranger,
Ses vignes au soleil, ses prés ceints de charmille,
    Ses blés et son verger.

Ces lieux sont ceux que j'aime et ceux que je réclame
Au milieu des ennuis de ma captivité ;
J'y compte aller bientôt et du corps et de l'âme
    Reprendre la santé.

3

J'y trouverai des cœurs où j'ai vraiment ma place,
Une tante qui passe en répandant le bien,
Un oncle à cheveux blancs que la vieillesse glace,
    Mais qui se souvient bien,

Et leurs jeunes enfants, groupe charmant et rose,
Pour mon oncle, de l'âge égayant les douleurs,
Délicieux jardin, dans un hiver morose,
    Conservé tout en fleurs ;

D'aimables villageois ; de fraîches paysannes
Sémillantes d'attraits et de naïvetés,
Et qui n'ont rien de vous, prudes ou courtisanes
    Qui peuplez nos cités ;

Des gens plus hauts d'esprit mais aussi simples d'âme,
Le maître vénéré du gothique manoir,
Le bon et vieux curé, le notaire et sa dame
    Et sa fille à l'œil noir,

Sa fille, de mes jeux la compagne innocente,
Aujourd'hui grande et belle et promise à l'hymen,
Fruit mûr que sur la branche une main caressante
    Viendra cueillir demain.

Peut-être est-elle là cette idéale femme
Dont l'image poursuit et mes nuits et mes jours,
Cette âme que j'attends pour lui verser mon âme
    Et qui me fuit toujours !

Mais du moins, si le ciel m'a condamné d'avance
A chercher sans trouver et là-bas comme ailleurs ;
Si personne n'y veut de mon amour immense
    Qui déborde en vains pleurs;

Elle m'accueillera, cette beauté suprême
Qui tant de fois déjà berça mon cœur souffrant,
La douce rêverie au chant toujours le même
    Et toujours enivrant.

Si vous vouliez, ami, me suivre par tendresse,
Dans ce voyage heureux dont je me promets tant
Si vous vouliez venir partager mon ivresse
    Et la doubler d'autant !

Oh ! venez donc : votre âme à la mienne ressemble,
Nos goûts et nos désirs ont même objet toujours ;
Il nous sera si bon de dévider ensemble
    L'écheveau de nos jours !

Venez : mes vieux parents, aimant celui qui m'aime,
De soins pour moi d'abord vous environneront ;
Puis ils vous connaîtront, et ce sera vous-même
    Qu'en vous ils chériront.

Venez : ce beau séjour, cette terre fleurie
Est près de la Savoie, ô mon pauvre exilé !
Et vous y sentirez ce parfum de patrie
    Dont Ovide a parlé !

Venez : je vous promets de la paix, de l'ombrage,
Des jours unis et purs qui n'auront pas un pli,
Et de tout ce grand bruit que l'on fait dans notre âge,
    L'ignorance ou l'oubli.

Calmant les passions qui s'enflent dans notre âme,
Posant nos vains soucis comme on pose un fardeau,
Et pour un temps du moins sur le monde et son drame,
    Etendant le rideau.

Sans jeter un regard sur la contrée aride
Où vont ces voyageurs appelés nations,
Sous un soleil de feu, dans la zone torride
    Des révolutions.

Nous vivrons une vie et plus douce et plus sage,
Tout entière pour nous, pour nos cœurs et nos sens ;
Nous aurons devant nous un double paysage
    Aux sites ravissants ;

L'un composé de lacs, de pelouses fleuries,
De troupeaux dans les champs, de bois sur les coteaux,
De rayons de soleil sur l'onde et les prairies,
    De chaumes, de châteaux ;

L'autre immatériel, fait de tous les possibles,
Groupe de fictions qui chante et qui sourit,
Idéales beautés qui des beautés visibles
    Se lèvent pour l'esprit !

Puis nous folâtrerons avec la poésie,
Amante aux longs baisers qui nous suit en tous lieux,
Et vous savez qu'aux champs à notre fantaisie
    Elle se prête mieux.

Tout y naît sans effort pour l'âme reposée,
On y cueille en rêvant des vers comme des fleurs,
Leur solitude calme y donne la pensée,
    Leur tableau, les couleurs !

Souvent pour visiter ces charmantes contrées
Nous quitterons nos lits et notre humble séjour,
Avant que des maisons les vitres soient dorées
    Des premiers feux du jour ;

Et nous irons, tantôt gravissant la montagne
D'où l'hiver éternel, assis sur des glaciers,
Voit à ses pieds l'été couché dans la campagne
    Au milieu des rosiers ;

Tantôt, par le chemin qui tout autour serpente,
Venant voir la cascade avec fracas roulant
Au rocher sombre et noir s'appendre éblouissante
    Ainsi qu'un voile blanc,

Et tantôt demeurant dans ces plaines heureuses
Où sont de vieilles tours et d'illustres débris,
Des prés bien verdoyants, des forêts bien ombreuses,
    Des jardins bien fleuris.

Et si les jours qu'alors nous passerons ensemble
Sont mêlés par hasard ou de pluie ou de vent ;
— Car le ciel le plus pur au plus doux sort ressemble
    Et s'attriste souvent.

Nous lirons tous les deux quelqu'un de ces poëmes
Où l'âme et la nature ont marié leurs voix,
Et font une musique aux délices suprêmes
    En chantant à la fois.

De son clavier, tout plein de saintes harmonies,
Zoé fera sortir ces airs délicieux,
Par Weber et ses pareils, en des heures bénies,
    Entendus dans les cieux.

Avec le vieux curé, douce et haute nature
Par le doute et la chair éprouvée autrefois,
Nous causerons de Dieu, d'existence future,
    De tout ce qui dit : Crois !

Et qui sait si l'accent qui persuade et touche
Et qu'aux livres fameux demande l'âme en deuil,
Ne sera pas plutôt sur cette simple bouche
    Que dans tout leur orgueil ?

Et mon oncle, débris de nos vingt ans de guerres,
Nous parlera d'Eylau, de Moscou, de Memphis
Et de ce Dieu des camps dont il croyait naguères
    Revoir un jour le fils.

Ainsi, pendant deux mois, dans nos riantes voies
Arriveront les jours ayant aux mains chacun
Un trésor différent de bonheur et de joies
    Qui nous sera commun.

Et quand loin de ces lieux où la nature étale
Ce qu'elle a de plus riche et de plus adoré,
L'hiver aura chassé vers la ville fatale
    Notre couple égaré,

Quand il faudra reprendre à la prose, à la vie,
A notre ingrat labeur, à nos ambitions,
A tant d'amers pensers dont l'âme est poursuivie,
    A tant de passions ;

Par les doux souvenirs que pour sécher nos larmes
Ils nous auront laissés en prenant leur essor,
De ces plaisirs si purs, au sein de nos alarmes,
    Nous jouirons encor !

LES ILLUSIONS

Détrompé sans avoir joui.
CHATEAUBRIAND.

O mes illusions, mes vierges au teint rose,
Au front insouciant où le calme repose,
Aux yeux purs que des pleurs n'ont jamais obscurcis,
Vous qui me conduisiez vers l'avenir immense,
En me chantant chacune une douce romance,
  En me faisant de doux récits !

Vous vous en allez donc ; et l'heure est donc venue
De me quitter aussi, jeune troupe ingénue ?
Hélas ! je suis à peine au quart de mon chemin,
Et vous m'abandonnez tout seul et sans défense ;
Vous m'enlevez mon prisme et mes songes d'enfance ;
  Je n'aurai plus rien pour demain !

Ah ! puisque vous fuyez, sans vouloir plus attendre,
Et qu'à vous retrouver je ne dois plus prétendre ;
Puisqu'il est éternel votre départ si prompt,
En ce jour de regrets, en ce jour qui rassemble
Autant de maux qu'en ont tous les autres ensemble,
  Laissez-moi vous baiser au front !

Laissez-moi vous donner mes dernières caresses,
Et pleurer sur vos mains, infidèles maîtresses,
Avec qui sous des fleurs j'ai vécu jusqu'ici !
Pour ce que je vous dois de joie et de délice,
De rêves dans mon cœur, de miel dans mon calice,
    Laissez-moi vous dire merci !

Adieu, toi qui venais me dire qu'un génie
Avait mis dans mon âme une source infinie,
Et qu'à mon jeune luth l'avenir était beau !
Toi qui me promettais un astre magnifique
Pour dorer tous les flots de mon sort pacifique,
    Pour illuminer mon tombeau !

Adieu, toi dont les mains fécondes et chéries,
De brillantes couleurs, de riches draperies
De ce monde pour moi paraient la nudité,
Et me l'avaient montré, féerie enchanteresse !
Abondant en vertus, rayonnant d'allégresse,
    Et par des anges habités !

Adieu, toi dont la voix, douce comme le cœur,
M'a fait croire en des jours d'ineffable bonheur ;
A la femme et l'amour, à l'homme et l'amitié.
Hélas ! aucun mortel ne t'a plus adorée ;
Entre toutes tes sœurs tu fus ma préférée ;
    Et tu n'as pas plus de pitié !

C'en est fait ! c'en est fait ! — Mes yeux noyés de larmes,
En vous voyant partir vous trouvent plus de charmes !
Un jour ! une heure encor ! — Mes cris sont superflus ;
Déjà vos aîles d'or fendent au loin l'espace ;
Vous voilà sous les flancs d'un nuage qui passe ;
    Et je ne vous aperçois plus !

Que de maux désormais dans mon pèlerinage !
Combien il est affreux de tomber, à mon âge,
Entre les mains de fer de la réalité !
Et de perdre à jamais les biens de l'existence,
Sans avoir eu le temps de s'armer de constance
    Pour endurer la pauvreté !

Explique mon destin, Eternel qui m'opprimes !
Eclaircis-moi l'énigme, et dis-moi par quels crimes,
Enfant, j'ai mérité les maux de l'âge mûr ;
Pourquoi je bois sitôt aux fontaines amères,
Pourquoi tombe déjà, chimères par chimères,
    Tout mon bonheur naïf et pur !

Comment la vérité m'a-t-elle été connue ?
Et qui donc a fait voir à mon âme ingénue
Dans la femme, un démon qui n'a que sa beauté,
Dans le monde, un tripot, où dès que face à face,
On est là, dés en main, tout sentiment s'efface,
    Dans la gloire une vanité ?

Certes, ce n'est pas l'âge et son expérience
Qui de la vie ainsi m'ont donné la science,
Et de ses faux brillants m'ont révélé le prix !
Ah ! je le vois : Byron, poëte aux maux de flammes,
. . . .
    C'est vous qui m'avez tout appris !

A M. Anselme PETTETIN,

Rédacteur du *Précurseur*.

—————wwwwww—————

I

Ami, qu'elle est belle la tâche
A qui, dans l'âge des plaisirs,
Vous sacrifiez sans relâche
Repos, bonheur, joie et loisirs!
Avec le sacré sacerdoce
Quand il n'est pas un vil négoce
Du nom de la Divinité,
Le plus beau rôle sur la terre
C'est le sublime ministère
De prêtre de la Liberté!

Mais hélas! aux jours où nous sommes,
C'est aussi le plus douloureux :
On est déchiré par les hommes,
Tandis qu'on s'immole pour eux :
Il faut aux coups de la tempête
Opposer un cœur, une tête
Que ne fléchisse aucun effort;
Il faut à la haine, à l'envie
D'avance avoir jeté sa vie ;
Il faut être vaillant et fort !

Et vous l'êtes, ô jeune apôtre
D'une foi que des mains d'un jour
Veulent proscrire comme l'autre,
Et qui comme elle aura son tour !
Vous avez avec le courage,
Avec le dédain pour l'outrage,
Surtout quand il vient de si bas,
Ce bouclier dont la Justice
Revêt au milieu de la lice
Ceux qu'elle conduit aux combats !

Oh ! dans cette lutte si rude
Pour vos ennemis furieux,
J'aime votre calme attitude,
Votre air serein et sérieux ;
J'aime dans la route profonde,
Où bientôt vous suivra le monde,
Vous voir à grands pas avancer,
Tandis qu'*eux*, restés en arrière,
Ramassent dans leur sale ornière
De la fange pour vous lancer.

C'est bien ! courage ! Allez, jeune homme !
Allez ! poursuivez vos travaux !
Que du Retard le noir fantôme
Tombe au milieu de nos bravos !
Chaque siècle, par ce Protée
Une autre forme est empruntée
Pour asservir comme autrefois ;
Pendant mille ans, chez nos ancêtres,
Son nom fut : rois, nobles et prêtres,
Il s'appelle aujourd'hui bourgeois !

A cet effroyable génie
Personnifié dans son roi,
Puisse la France rajeunie
Ravir les tables de la loi!
Puisse-t-elle voir surmontée
Cette digue qu'il a jetée
Aux vagues de la Liberté!
Puisse ce Nil avec son onde
Sur toutes les plages du monde
Répandre la fertilité!

II

Oh! vous avez longtemps étudié les choses,
Exploré les effets, interrogé les causes;
    Votre regard vaste et profond
Dans les faits du présent voit ceux qui doivent naître;
Vous savez; et j'ignore et je voudrais connaître:
    Dites-moi donc! dites-moi donc!

Depuis qu'elle a quitté l'antique servitude,
La France est au désert; et dans la solitude
    Pousse au ciel un stérile vœu;
Nulle manne d'en haut à sa bouche n'arrive,
Et pour faire jaillir des fontaines d'eau vive,
    Elle n'a pas d'homme de Dieu!

Dites si, dans ces lieux que nul fruit ne décore,
Elle prolongera pendant longtemps encore
    Et son séjour et ses douleurs,
Et s'il lui faut passer, avant que d'être admise,
Dans les champs embaumés de la terre promise,
    A travers de nouveaux malheurs!

Est-ce pour nos enfants ou leurs fils, ou nous-même
Que le Seigneur enfin lèvera l'anathème,
    Satisfait d'expiations?
Ou s'il doit de nouveau, comme il fit pour leurs mères,
Demander et leur sang et leurs larmes amères
    A ces trois générations?

Le progrès, notre maître, est un froid égoïste;
Il s'inquiète peu si son triomphe est triste;
    S'il coûte des pleurs et du sang;
Il a son but marqué, le voit et court l'atteindre,
En laissant dans sa marche et souffrir et se plaindre
    Tous ceux qu'il écrase en passant!

Au sol que nous foulons, sous son char qu'il promène
Il a déjà broyé plus d'une race humaine;
    Prendra-t-il encor celles-ci?
Et dans les fondements de la cité nouvelle,
Comme pierre à bâtir, sans pitié, pêle-mêle,
    Les enfouira-t-il aussi?

III

Hélas! vous restez sans réponse.
Au mystère de l'avenir,
Plus l'esprit de l'homme s'enfonce,
Et moins il sent le jour venir!
Pourtant il y plonge sans cesse;
Mais la science, la sagesse
N'en ont jamais rien rapporté!
Lorsqu'elle scrute ce problème,
Toute intelligence est la même:
Doute! ignorance! obscurité!

Dans cette tempête profonde,
Les seuls flambeaux sont les éclairs !
Pourtant quelque chose se fonde !
Les jours viendront plus beaux, plus clairs !
Elle ne peut être éternelle
La rafale qui de son aile
Bouleverse les nations !
Tôt ou tard l'astre doit paraître ! —
Mon Dieu ! pourquoi m'as-tu fait naître
Au temps des révolutions !

LES POËTES

I

Oh! nous sommes heureux, nous, élus du génie!
Dans quel berceau de roi la puissance infinie
A-t-elle déposé des dons si précieux? —
Quand l'inspiration nous a touchés, notre âme
Ainsi qu'un encens pur, auquel on met la flamme,
S'évapore en parfums qui montent vers les cieux.

Ce sont tantôt des chants à la Liberté sainte,
A la patrie en pleurs ou d'auréoles ceinte,
Aux grands hommes nos dieux, au peuple, à l'avenir,
Des chants pour proclamer de nos voix solennelles
Les vérités d'en haut et les lois éternelles,
Des chants pour enseigner, pour calmer, pour unir;

Et tantôt des accents d'une douceur extrême,
Des prières d'enfant pour le maître suprême,
Des souvenirs épars qui se groupent soudain;
Et des émotions au fond du cœur puisées,
Et des larmes d'amour en vers cristallisées
Et des rêves cueillis dans les bosquets d'Eden.

S'il nous vient par hasard quelque souci frivole,
Un son de notre luth suffit pour qu'il s'envole ;
Et puis si vous saviez ce que nous font nos vers !
Sans doute on vous a dit que des saintes phalanges
Le seigneur chaque jour détache quelques anges
Qu'il charge pour ces lieux de messages divers.

Eh bien! l'un d'eux souvent, durant ces quelques heures
Qu'ils passent éloignés des célestes demeures,
Par notre mélodie en nos bras attiré,
Oublie à nous parler, à nous dire : je t'aime,
Le moment du retour, le ciel et l'anathème,
Et ne remonte plus au parvis éthéré.

Il s'attache à nos pas, nous vivons l'un pour l'autre ;
Son front sur notre épaule et sa main dans la nôtre,
Par la route avec nous il s'avance en riant,
Et sous les noms divins et d'amante et d'épouse
Fait nos jours plus riants qu'une verte pelouse,
Plus fleuris qu'un bosquet sous le ciel d'Orient.

Nous avons dans la nuit des songes de mystère,
D'étranges visions qui n'ont rien de la terre
Mais où luisent souvent les choses qui viendront,
Et c'est alors que, l'âme ardente et fécondée,
Nous coulons en airain notre brûlante idée,
Qu'en passant à leur tour mille siècles verront.

Puis quand nous déroulons l'œuvre de notre veille,
Pressée autour de nous, la foule s'émerveille,
Nous fête, nous bénit, nous dresse des autels,
Et la gloire prenant notre nom sur son aile
L'emporte dans le monde en sa course éternelle,
Et le fait resplendir à tous les yeux mortels !

Vivants, l'écho flatteur de notre renommée
Caresse à chaque instant notre oreille charmée ;
Comme on marche dans l'air, nous marchons dans l'en-
Et lorsque de nos jours la mort brise la trame   [cens,
Notre esprit ici-bas, tel que là-haut notre âme,
Poursuit d'heureux destins sans cesse renaissants.

Et nous avons ainsi deux fragments de notre être
Qui sous l'ombre du temps ne peuvent disparaître ;
Tandis que des humains le reste n'en a qu'un ;
Notre vaste pensée, ainsi qu'un héritage,
Léguée à chaque peuple et transmise à tout âge,
Des générations est le trésor commun.

Elle parle à chacun de nous et de nos âmes ;
Les hommes les plus grands et les plus belles femmes
Sentent en nous lisant des larmes leur venir,
Et nous avons encor, comme dans notre vie,
Parmi la foule émue et de nos chants ravie
Des cœurs pour nous aimer, des voix pour nous bénir.

Elle ne vieillit pas, semblable à la nature
Qui depuis six mille ans a la même parure,
Et dont rien n'a fané les astres ni les fleurs ;
Elle passe à travers les ténèbres des âges,
Comme un rayon du ciel à travers les nuages,
Sans changer, sans ternir ses brillantes couleurs.

Si pourtant de son livre une page s'altère,
Si le temps en efface un mot, un caractère,
Sans être jamais las on fouille, on fouille encor ;
On va cherchant partout cette part de nous-même,
Ces lambeaux d'un esprit qu'on vénère et qu'on aime,
Et quand ils sont trouvés, on les vend à prix d'or,

4

Nos yeux se ferment-ils sous des mains étrangères,
Loin des champs adorés où reposent nos pères,
Nos os sont ramenés auprès de leurs cercueils.
Aux appels d'un grand peuple et de notre patrie,
Mère qui veut veiller sur la cendre chérie
Du fils dont le renom est un de ses orgueils,

De l'art des Michel-Ange empruntant la puissance,
Elle fait notre gloire et sa reconnaissance,
Pour les réaliser et les montrer aux sens,
Ou sublime statue aux contours pleins de flamme,
Ou vaste monument dont l'aspect ouvre à l'âme
Un monde de pensers infinis et puissants?

C'est qu'en effet il faut une bière ainsi faite,
A ce corps de poëte, à ce corps de prophète,
Pour contenir l'esprit par Dieu même choisi !
C'est que l'homme par qui vers les hautes idées
Les âmes des mortels furent toujours guidées,
Doit avoir un tombeau qui les élève aussi.

Notre ombre en ce séjour n'est jamais solitaire,
On vient en pèlerin des deux bouts de la terre
Pour contempler les lieux où notre argile dort ;
Et personne ne peut lire notre épitaphe,
Voir les marbres taillés de notre cénotaphe,
Sans payer un gardien qui vit de notre mort !

II

Ah ! si Dieu nous a fait un magnifique rôle,
Sur nos lèvres de feu s'il a mis sa parole,

Sa lumière dans nos esprits,
Si la gloire partout nous suit comme une épouse,
Certes, nous les payons ces dons que l'on jalouse,
    Nous les payons plus que leur prix !

Le monde ne sait pas ce que souffre un poëte,
Ce que lui fait de mal la pensée inquiète
    Qui germe dans son front brûlant,
Il ne sait pas comment nous ronge au fond de l'âme
Ce foyer dont il voit les caprices de flamme,
    Sans en voir le brasier sanglant !

L'infortune est assise à tout char de victoire,
Une joie a toujours sa peine expiatoire
    Qui lui tient par des nœuds étroits ;
L'épine au diadême avec l'or est unie ;
Toute couronne est lourde ; et celle du génie
    Encor plus que celle des rois !

Le malheur qui suit l'homme au milieu de ses fêtes,
De toutes les faveurs que le sort nous a faites,
    Sait tirer pour nous des douleurs,
Ainsi que l'on extrait les sucs les plus funestes
Des plantes dont le sein a des parfums célestes,
    Et d'éblouissantes couleurs ?

Dès que sur l'avenir un orage s'avance,
Nous qui sommes voyants, nous le savons d'avance,
    Et d'avance nous en souffrons.
Et nos nerfs sont tendus et notre chair frissonne
Pendant que la terreur n'agite encor personne,
    Comme s'il grondait sur nos fronts.

Puis quand il est venu, quand des nuages sombres
La tempête s'élance avec ses feux, ses ombres,
    Ses tonnerres dévorateurs,
Comme nous sommes monts dans la vallée humaine,
Les plus forts tourbillons que l'ouragan promène
    Viennent toujours sur nos hauteurs,

Nul ne sait mieux que nous cette soif de toute âme,
Ce besoin de l'amour, seule fleur, seul dictame
    Qu'à l'homme ait laissés le Seigneur,
Le jour où son courroux aux brûlantes haleines,
Sécha, fertile Eden, dans tes corbeilles pleines,
    Toutes les roses du bonheur.

Mais nous allons en vain demandant une amante,
Qui jeune arbuste en fleurs, sous son ombre charmante,
    Au malheur veuille nous cacher ;
Notre cœur étranger à cette sphère immonde
Rêve un être éthéré qui n'est pas dans le monde,
    Et nous nous lassons de chercher.

L'espérance pour nous n'a pas longtemps de leurre ;
Nos rêves fortunés s'envolent avant l'heure ;
    Car notre regard est profond,
Et jeunes, nous voyons dans ce lac de la vie
Si pur à ses dehors dont l'enfance est ravie
    La fange qui croupit au fond ;

Et jeunes, nous voyons ce monde aride et triste,
Où pour poser son vol jamais âme d'artiste
    Ne trouve de branchages verts,
Ce monde où devant l'or toute vertu s'efface,
Ce monde, carnaval où chacun va la face
    Couverte de masques divers.

Quelle existence alors quand sont toutes éteintes
Ces illusions d'or, lustres aux belles teintes
De la fête des premiers jours,
Et que n'ayant, hélas! pour compagnons de route
Que deux spectres glacés, le dégoût et le doute,
Nous marchons, nous marchons toujours?

Et puis la calomnie et la haine et l'envie
Préparent de concert notre coupe de vie
Avec du fiel et des douleurs;
Et tout notre destin n'est qu'un tissu de peine,
Un fond obscur et noir que festonnent à peine
Quelques plaisirs et quelques fleurs!

Et pour que nul bonheur n'adoucisse nos larmes,
Combien de fois ces jours qu'agitent tant d'alarmes
Sont enlevés du sol natal!
Combien de fois l'exil qui les a détachées
Roule en cent lieux divers ces feuilles desséchées
Errantes sous son vent fatal!

Et c'est par tous ces maux, par toutes ces tortures,
Qu'il nous faut acheter chez les races futures
De la gloire après le trépas,
Une palme, des vents jouet frêle et flexible,
Un sépulcre plus beau pour notre ombre insensible,
Un bruit que nous n'entendrons pas.

Oh! qu'il vaudrait bien mieux, humblement sur la terre,
Dans le coin ignoré d'un vallon solitaire,
S'écouler, ruisseau calme et pur,
Sans nom, connu d'un pâtre et de quelque berger,
Ayant parfois des fleurs dans son onde légère,
Toujours du ciel et de l'azur!

BARTHÉLEMY (1)

Lui vendu !

Donc ils ne mentaient pas ceux qui l'appelaient traître !
Son infamie est claire et n'a plus à paraître.
Il vient de les signer ces deux honteux écrits
Qui cloueront pour jamais au poteau du mépris
Un nom couvert encor de lauriers populaires ;
Voyez-le qui déjà tend sa main aux salaires.
Il en est digne ; oh ! oui, l'apostat effronté
D'un pouvoir immoral il a bien mérité ;
Il a bien au complet les quartiers de bassesse,
Qu'il faut pour avoir part aux royales largesses.
— O honte ! Némésis, si belle en sa fierté,
Quand l'armant de son bras l'auguste Liberté
L'envoyant fustiger nos Mayeux politiques,
Briser sur chaque front les masques diaboliques,
D'un fer rouge et brûlant marquer les apostats ,
A toutes les erreurs, à tous les attentats,
Pousser des cris d'alarme et prédire l'abîme ;
Némésis, dont le nom courageux et sublime
Frappait comme le plomb, grondait comme un tocsin,

(1) Sans doute quelques années plus tard, Joguet eût désavoué
la violence de certains vers de cette pièce. Nous ne l'avons reproduite que pour montrer sous toutes ses faces le talent d'un si
jeune poète.

Se fait dame de cour et se joint à l'essaim
De ces muses sans cœur, courtisanes infâmes
Qui vendent au pouvoir et leurs corps et leurs âmes,
Ses baisers essuieront les crachats du mépris
Sur les fronts de ses coups encore tout meurtris ;
Pour sortir de la boue où les plongea sa rage ;
Elle tendra sa main aux Judas de notre âge,
Ses serpents n'auront plus de venin ni de dard,
Que pour l'homme fidèle à son vieil étendard,
Pour celui qui jamais pour de l'or ou par crainte,
Désertant de nos droits la cause juste et sainte,
N'alla prostituer devant la royauté
Un encens et des vœux dus à la Liberté.
Nous la verrons dansant sur des phrases fleuries,
Sur les pas de Viennet courir aux Tuileries
Avec un art charmant à Dorat même égal,
Pour les filles du roi friser le madrigal,
Et célébrer bien haut la cocarde vantée,
La sublime valeur, la gloire tant chantée,
Et surtout le passage au camp de l'ennemi
De l'illustre héros de Jemmape et Valmy.
Elle s'efforcera d'une main acharnée
D'abattre s'il se peut son œuvre d'une année.
Mais non ; le monument, terrible accusateur,
Se dressera toujours de toute sa hauteur.
C'est dans cet arsenal que nous prendrons des armes
Contre qui du talent s'épuiseront les charmes ;
Lorsque le renégat, comme il nous l'a promis,
Descendant en champ clos avec ses vieux amis,
Viendra justifier cet odieux système
Contre qui le pays crie un long anathème.
— Ciel ! à quel désespoir, à quels tourments affreux

Tu condamnes tes jours, poëte malheureux !
Combien tu paieras cher ces impures faiblesses !
Pour un peu d'or acquis que de gloire tu laisses !
Tu fus mal inspiré par ta cupidité ;
La faction hideuse à qui tu t'es jeté,
Ne pourra pas longtemps renter ton infamie :
La France de Juillet, sa mortelle ennemie,
Qui par elle saisie après le grand combat,
Depuis les trois beaux jours dans ses mains se débat,
Aura bientôt rompu ses chaînes qu'elle lime
Avec l'acier mordant d'une presse sublime....
La vie est dans les rangs de ceux que tu trahis;
La mort est parmi ceux vers lesquels tu t'enfuis,
Et l'on devrait, au lieu de s'émouvoir de rage,
De ton apostasie admirer le courage !

FÉNELON

Article extrait de l'*Encyclopédie nouvelle*.

Seize ans s'étaient écoulés depuis que Bossuet, à peine adolescent, avait prononcé à onze heures du soir, à l'hôtel Rambouillet, le fameux sermon qui fit dire à Voltaire qu'on n'avait jamais prêché ni sitôt ni si tard; et ce grand homme justifiait de plus en plus, par les miracles de son éloquence, les magnifiques espérances qu'avaient conçues de lui ses premiers auditeurs.

On était à la fin de l'année 1666. A cette époque, dans un salon qui, à l'instar de l'hôtel Rambouillet, s'ouvraient alors de tous côtés aux réunions élégantes et au commerce de l'esprit, un enfant de quinze ans, destiné aussi à l'état ecclésiastique, débuta comme avait débuté Bossuet, et avec plus d'éclat encore, s'il était possible, et de retentissement.

Le lendemain, *Alexandre* et *Andromaque*, joués la même année, n'étaient plus le sujet unique des conversations littéraires; tout Paris s'entretenait d'un rival naissant de Bossuet, aussi bien que du rival présent de Corneille.

En effet, ce que Racine était déjà au théâtre et en poésie pour l'auteur des *Horaces*, cet enfant, qui n'était autre que Fénelon, allait le devenir à l'égard de l'immortel prédicateur du Louvre. A lui aussi il était reservé d'ajouter, pour l'illustration de la France, les triomphes de la grâce aimable et touchante aux triomphes de la force et de la majesté. Comme Racine, il avait reçu en atticisme, en fleurs charmantes, en suprême élégance, en exquises douceurs, la meilleure part de son talent sitôt épanoui; il fut le prosateur par excellence de la même langue dont Racine est le poëte, avec cette différence, toutefois, qu'étranger ou plutôt contraire à Port-Royal, et venu à une époque où le goût, développé par tant de chefs-d'œuvre, s'était sensiblement enhardi, il s'abandonna davantage au courant de sa belle nature ; il répandit d'une main moins timide les purs trésors de sa riche imagination. Tous deux, enfin, ont écrit les chefs-d'œuvre où atteignit, en France, sa perfection littéraire, le mouvement de la renaissance, l'alliance du génie antique et de la pensée moderne.

Entre ces deux hommes, il y eut une analogie d'un autre genre. Racine, dans Athalie, fit entendre au despotisme de nobles et libérales leçons ; et il mourut disgracié, non pas comme l'a dit Saint-Simon, pour une parole imprudente prononcée sur Scarron devant sa veuve et son successeur, mais pour s'être fait auprès du jaloux monarque l'interprète des misères et des plaintes populaires (voy. les Mémoires de son fils). Fénelon attira même sur sa vie la colère de Louis XIV par ses hardiesses politiques bien plutôt que par ses hérésies religieuses. Seulement, ce qui n'est qu'un détail dans l'existence et dans la gloire de Racine, est pour Fénelon le point essentiel.

Nous en ferons le principal objet de cette notice, où se retrouveront néanmoins, autant qu'il dépendra de nous, les autres traits caractéristiques d'une des plus belles figures de notre histoire.

François de Salignac de Lamothe Fénelon joignait à son mérite l'accompagnement d'une grande naissance. Il sortait d'une très-illustre et très-ancienne maison seigneuriale, alliée aux Talleyrand-Chalais, aux Latremoille, aux Biron, aux Montausier, aux Montmorency, et qui avait fourni des lieutenants généraux, des ambassadeurs, des gouverneurs de provinces, des chevaliers de l'ordre du Saint-Esprit, un grand nombre d'évêques et d'archevêques. Le nom sous lequel il est connu dans l'histoire était celui d'un château du Périgord, où il était né en 1651.

Sa fortune n'était pas au niveau de sa qualité, et c'est cette circonstance qui paraît avoir déterminé sa famille à le faire entrer dans l'Église. Mais rien n'avait été négligé pour son éducation ; jusqu'à douze ans, il avait été élevé au foyer paternel par un précepteur habile et savant qui, selon l'excellent usage du temps, l'avait mis tout d'abord en présence des modèles du beau, et plongé aux sources vives de la Grèce et de Rome ; puis après un court passage à l'université de Cahors alors florissante, appelé à Paris par son oncle le marquis de Fénelon, il venait d'achever son cours de théologie et commencer ses études théologiques chez les jésuites, au célèbre

collège Duplessis, quand il fit la première expérience
publique de l'effet de sa parole. L'applaudissement
fut si extraordinaire autour de lui, la curiosité de le
voir et de l'entendre fut si générale; Fénelon lui-
même, en qui, par une autre conformité de nature
avec Racine, la sensibilité et l'amour-propre s'al-
liaient à la sensibilité du cœur, Fénelon se montra si
heureux de l'enthousiasme qu'il inspirait, que le
marquis, chrétien vigilant et austère, s'alarma pour
la vertu de son neveu, et résolut de ne pas le laisser
plus longtemps à la merci des séductions mondaines.
Il le fit entrer dans la congrégation de Saint-Sulpice,
l'une des nombreuses sociétés créées par l'esprit de
réforme ecclésiastique dans la moitié du xviie siècle.
En cette école toujours peu théologique, alliée des
jésuites, mais alliée libre, sous la direction particulière du supérieur, l'abbé Tronson, qui s'attacha à
lui par un calcul d'intérêt de corps bientôt mêlé de la
plus vive amitié, Fénelon travailla pendant plusieurs
années à préparer son âme et son intelligence au ministère évangélique. A 23 ans, il reçut les ordres et
sortit de sa retraite, respirant le parfum d'une dévotion toute facile et toute charmante ; nourri des Pères,
des Grecs surtout, dont la parole toujours homérique
par quelques accents, dont la doctrine plus clémente
allait mieux à son oreille délicate et à son âme tendre ; n'ayant pas oublié ses premiers études, et mê-
lant ensemble au contraire dans son culte les deux
antiquités païenne et chrétienne ; enfin, rempli du
souvenir des dévouements qui avaient marqué l'histoire de l'Église, et d'une impatiente ambition de les
miter. Son premier projet fut de se consacrer aux

missions étrangères, qu'il devait célébrer en si ravissantes paroles dans le sermon pour la fête de l'Epiphanie.

L'Amérique, le Levant surtout, l'attiraient irrésistiblement. De l'une, il aurait rapporté, peut-être, la poésie nouvelle qui en est revenue avec Chateaubriand. Comme Chateaubriand, il était entraîné vers l'autre par piété littéraire non moins que par la piété religieuse. Son génie, frère en effet de celui des Platon et des Xénophon, des Basile et des Grégoire de Nazianze, aspirait à Athènes, comme à son séjour naturel. Il s'indignait du joug odieux qui pesait sur les fils de tant de grands hommes, et de cette terre de souvenirs et de gloire devenue la proie des barbares ; *Barbaxus has segetes!* Et il rêvait d'y ressusciter la liberté et les lettres aussi bien que la foi : « La Grèce entière s'ouvre en moi, écrivait-il avec une inspiration qui a passé dans l'itinéraire de Paris à Jérusalem ; le Sultan effrayé recule ; déjà le Péloponèse respire en liberté, et l'Église de Corinthe va refleurir ; la voix de l'apôtre s'y fera encore entendre. Je me sens transporté dans ces beaux lieux et parmi ces ruines précieuses pour y recueillir, avec les plus curieux monuments, l'esprit même de l'antiquité, je cherche cet aréopage ou saint Paul annonça aux sages du monde le Dieu inconnu ; mais le profane vient après le sacré, et je ne dedaigne pas de descendre au Pirée, où Socrate fait le plan de sa République ; je monte au double sommet du Parnasse ; je cueille les lauriers de Delphes, et je goûte les délices de Tempé. « Quand est-ce que le sang des Turcs se mêlera à celui des Perses ¦dans les plaines de Marathon, pour

laisser la Grèce entière à la religion, à la philosophie
et aux beaux-arts, qui la réclament comme leur
patrie? » Ainsi il s'abandonnait à son enthousiasme;
mais la France avait besoin de lui, et la Providence
employa les affections de famille à retenir sur le champ
qu'elle lui avait destiné l'ouvrier prêt à partir pour la
mission d'Orient.

Fénelon, cédant aux prières de ses parents, resta
dans la paroisse de Saint-Sulpice, à laquelle il s'était
attaché depuis qu'il était prêtre. Il passa là, à ce premier degré, trois années partagées entre la prédication,
la pratique infatigable de tout le devoir des pauvres,
l'étude et la fréquentation de quelques sociétés choisies. Au bout de ce temps, la supériorité des Nouvelles Catholiques étant venue à vaquer, le jeune
desservant y fut porté, pour ainsi dire, par le suf-
frage unanime. Les nouvelles catholiques étaient une
communauté de femmes vouées à l'instruction des
protestantes converties ou en voie de l'être. Tous ceux
qui connaissaient Fénelon (et qui n'avait pas voulu
le connaître?) s'accordèrent à dire que personne ne
possédait en plus grande abondance et en plus grande
perfection que lui les dons nécessaires au directenr
d'une telle maison. C'était, il est vrai, une de ces natures dont l'ascendant est infaillible sur les femmes,
et dans lesquelles toutes choses semblent avoir été
mêlées et assorties exprès, en vue de ce résultat. Aux
traits que nous avons indiqués déjà, à cette piété
aisée et indulgente qui n'effarouchait jamais, à cette
imagination féconde, gracieuse, fleurie, joignez tout
ce qui se voit ou se devine dans les portraits de nos
musées, tout ce dont nous parlent les écrivains con-

temporains, le directeur de l'académie, Bergeret,
dans sa réponse à Fénelon, La Bruyère, dans son discours de réception, Daguesseau, Saint-Simon dans
leurs mémoires : une conversation facile, légère, volontiers enjouée, nette et ingénieuse sans rien d'affecté,
même dans les matières les plus embarrassées et les
plus arides ; une invention perpétuelle d'expressions,
naturelle et prête sur tout, qui jetait dans des étonne-
ments sans fin ; des yeux dont le feu et l'esprit sor-
taient comme un torrent ; une figure singulière,
perçante, attirante, qui ne se pouvait oublier dès
qu'on l'avait vue une fois, et qu'il fallait faire effort
pour cesser de regarder, où tous les contraires, la
gravité et la galanterie, le sérieux et la gaieté, la finesse et la franchise, la noblesse et la modestie se
rassemblaient sans se heurter, et à laquelle je ne sais
quoi de sublime dans le simple ajoutait un air de
prophète ; avec tant d'avantages personnels, et pour
empêcher qu'ils ne fissent ombrage, une ardeur de
plaire poussée jusqu'à la coquetterie, disaient quelques-uns, une politesse exquise, universelle, mais
toujours mesurée et proportionnée, de sorte qu'il
semblait à chacun qu'elle n'était que pour lui. Quel
homme était aussi propre à l'apostolat qu'il s'agissait
de remplir ? Une seule crainte en présence de qualités
si extraordinaires, eût pu arrêter un autre prélat que
M. de Harlay, si le candidat n'eût pas été Fénelon :
c'est que l'enseignement et le commerce d'un supérieur ainsi doué ne répandissent dans le cœur des
institutrices et des élèves, au lieu de la foi et des
pieuses émulations, ces flammes terrestres qui au
XIIᵉ siècle s'allumaient à la parole du bel et brillant

Abeilard. Mais M. de Harlay ne se préoccupait guère de pareilles considérations ; et puis Fénelon était la chasteté même, et de toute sa personne s'exhalait, à travers cet ensemble enchanteur, quelque chose de saint et de purifiant qui ne permettait qu'une ten-dresse aussi chaste que lui. Il gouverna dix ans les nouvelles catholiques avec tout le succès d'édification qu'on avait attendu de son heureux génie.

C'est pendant ces années que sa vie entra en rap-port avec les âmes qui eurent le plus d'influence sur elle. Alors commença chez son oncle son amitié tou-chante avec les ducs de Beauvilliers et de Chevreuse, qu'avaient précédés, dans son intimité, les abbés de Langeron, de Chanterac et de Beaumont ; alors aussi sa liaison passagère avec Bossuet. Cette liaison qui devait se rompre avec tant de bruit et d'éclat, fut d'abord aussi vive, aussi passionnée que les premières, dont on admira la courageuse persévérance à travers toutes les vicissitudes. Elle fut nouée d'abord, ce semble, par les mêmes oppositions d'esprit et de ca-ractère qui, dans la suite, purent contribuer à la bri-ser, double effet des contrastes qui se voit bien sou-vent. Non-seulement nous sommes si divers, qu'il est presque également vrai de rapporter les attachements humains aux ressemblances ou aux différences de na-ture ; mais nous sommes si changeants, que ce qui avait été pour deux cœurs un principe d'union, peut leur devenir à la longue un principe de discorde. En Bossuet, comme en Démosthènes, qu'il met sans hési-ter au-dessus de Cicéron, dans sa *lettre sur l'éloquence*, Fénelon admira et aima les parties qui tranchaient avec son propre tempérament moral, la véhémence

agresssive, la force dialectique , l'impérieuse éloquence. Il s'approcha de lui en disciple respectueux ;
et Bossuet touché de cette déférence, épris d'ailleurs
de tant de dons merveilleux, l'accueillit avec un intérêt de plus en plus affectueux. Le Luther catholique
du xviie siècle ouvrit ses bras à Mélanchthon, et puis
l'entraîna aussitôt dans sa guerre éternelle.

Fénelon, sur les traces de Bossuet, entra dans la
polémique ; il s'attaqua d'abord au *Traité de la nature
et de la grâce* de Malebranche, et à cette théologie
hardie qui préludait aux terribles audaces de la philosophie du xviiie siècle. Il n'eut pas de peine en faisant
rendre aux principes posés par l'illustre oratorien
toutes les conséquences que Bossuet y avait déjà si-
gnalées, à prouver que le socinianisme ressortait iné-
vitablement de la doctrine nouvelle. Plus tard, mais
avec moins de bonheur, il se prit à Spinoza, qui ne
devait être alors réfuté sérieusement que par Leibnitz.
Disciple cependant, comme Leibnitz, comme le siècle
entier, du même maître que ces grands penseurs, il
admettait tous les principes généraux du cartésianisme, y compris le doute méthodique, objet de tant
d'anathèmes de la part des nouveaux docteurs catholiques ; et il allait bientôt élever à cette philosophie
nationale de la France le beau monument du *Traité
de l'existence de Dieu*.

Il aborda ensuite le point le plus important de la
controverse protestante, le centre et le nœud de toutes
les discussions, la question de savoir si le ministère
des pasteurs est successif et indépendant des fidèles,
ou s'il appartient aux fidèles qui le confèrent et l'ôtent
à leur gré. La réforme avait dit : Le ministère appar-

tient aux fidèles; ce qui signifiait : Plus de sacerdoce
distinct de la société laïque et organisation démocra-
tique de l'Église. Elle avait appuyé ce principe sur
des bases empruntées à la tradition, à l'histoire de
l'Église primitive et aux textes consacrés, Fénelon essaya de les lui enlever. Le livre qu'il écrivit sous le
titre de *Traité du ministère des pasteurs*, rare exemple
de modération et d'urbanité, dont l'adversaire de
Jurieu aurait pu profiter, était incomparable pour
la netteté populaire et l'élégance insinuante de
l'exposition. Bossuet·en fut ravi d'admiration, et
quand Louis XIV lui demanda un chef-d'œuvre
pour les missions du Poitou, il nomma son jeune
ami comme celui qui pouvait le mieux les faire fruc-
tifier (1686).

La révocation de l'édit de Nantes venait d'être prononcée, le système de contrainte ouverte avait succédé
aux moyens de corruption employés jusque-là en général pour ruiner une hérésie jugée avant tout, selon
l'expression de La Bruyère, *suspecte et ennemie de la
souveraineté*. La prédication catholique s'avançait es-
cortée de la terreur et des armes. Les conversions
étaient des mesures d'unité administrative qu'on faisait exécuter avec des dragons, quand le prêtre ne
réussissait pas. On sait la conduite que tint Fénelon.
Comme François de Sales, en semblable circonstance,
il ne voulut pas partir sans avoir obtenu qu'on éloi-
gnât les troupes des lieux où il exercerait son ministère ; il s'adjoignit des collègues qu'il savait aussi in-
capables que lui de recourir à d'autres moyens que
ceux de la persuasion, et il se présenta armé du seul
glaive apostolique au combat de la foi.

Au retour, Fénelon reprit la direction des nouvelles catholiques, et publia deux ouvrages, le *Traité du ministère des pasteurs*, et *L'éducation des filles* (1687-88), le dernier livre écrit d'abord pour la duchesse de Beauvilliers, était en partie la rédaction des principes que l'auteur appliquait lui-même depuis plusieurs années dans la maison dont il était supérieur. Aussitôt qu'il parut, ce fut un enchantement universel, et il faut dire qu'il eût été difficile, en effet, d'envelopper de plus d'aménité une raison plus judicieuse, et de parler de l'éducation et des femmes avec une plus heureuse nouveauté, soit d'idées, soit de langage.

Ce délicieux chef-d'œuvre, qui donnait une idée si haute des talents de Fénelon comme instituteur, était encore dans sa première vogue quand le temps vint de songer sérieusement à l'éducation du duc de Bourgogne, fils du dauphin. Le 16 août 1689, le duc de Beauvilliers fut nommé gouverneur du jeune prince, et chargé d'en désigner le précepteur.

Dès le 17, il avait fait agréer pour ce titre le directeur des nouvelles catholiques. Ces choix, demandés par le vœu public, avaient été déterminés par l'intervention de Mme de Maintenon, intime amie de Beauvilliers, et depuis longtemps prévenue en faveur de Fénelon, qu'il lui avait présenté. Fénelon n'avait rien sollicité auprès d'elle ni auprès de personne ; ses manières, son esprit, ses vertus avaient suffi pour lui conquérir cette protection puissante et ce poste, objet de tant d'envie ; tel était au moins le langage de ses amis. Mais ces manières et ces vertus mêmes n'étaient-elles pas une brigue aussi en quelque façon de la part de celui qui a écrit dans l'*Éducation des filles* :

« La droiture de conduite et la réputation universelle
de probité attirent plus de confiance et d'estime, et
par conséquent, à la longue plus d'avantages, même
temporels, que les voies détournées. Combien cette
probité judicieuse distingue-t-elle une personne, la
rend-elle propre aux plus grandes choses ! » Saint-
Simon avait-il aussi tort qu'on le dit communément,
de voir sous ce charme une habileté particulière, une
marche adroitement ménagée vers un but d'ambition?
On a bien de la peine à n'être pas de son avis, quand
on voit l'abbé Tronson, le maître de Fénelon et l'homme
qui l'avait approfondi le plus, écrire au nouveau précepteur lui-même, à propos de cet éloge qu'on lui faisait de n'avoir pas recherché son emploi : « Il ne faut
pas trop vous appuyer là-dessus ; on a souvent plus de
part à son élévation qu'on ne pense ; il est très-rare
qu'on l'ait appréhendée et qu'on l'ait fuie sincèrement;
on voit peu de personnes arriver à ce degré de régénération. L'on ne recherche pas toujours avec l'empressement ordinaire les moyens de s'élever, mais on ne
manque guère de lever adroitement les obstacles. On
ne sollicite pas fortement les personnes qui peuvent
nous servir, mais on n'est pas fâché de se montrer à
elles par les meilleurs endroits ; et c'est justement à
ces petites découvertes humaines qu'on peut attribuer
le commencement de son élévation, ainsi personne ne
saurait s'assurer entièrement qu'il ne s'est pas appelé
soi-même. Ces démarches de manifestation de talents,
qu'on fait souvent sans beaucoup de réflexion, ne laissent pas d'être fort à craindre, et il est toujours bon
de les effacer par les sentiments d'un cœur contrit et
humilié. » N'y a-t-il pas là, sous les apparences d'un

précepte général, une pensée assez semblable, au fond, à celle de Saint-Simon?

Oui, qu'on nous permette d'insister ; oui, Fénelon mettait beaucoup d'art dans sa vie, comme il en mettait beaucoup dans ses ouvrages. Cet écrivain, que la plupart croient si naïf et si insouciant de la forme, est, au contraire, pour qui regarde attentivement, plein de finesses de détail, d'intentions savantes et d'effets calculés. Les nombreuses corrections, purement littéraires du *Télémaque*, prouvent à quel point il se préoccupait de style. Ses préceptes théoriques, en matière de goût, attestent qu'il a voulu et cherché tous les mérites et jusqu'aux agréables défauts signalés dans sa prose *flatteuse, encore qu'un peu traînante.* Dans l'*Éducation des filles*, parlant de la toilette qui sert le plus à rehausser la beauté naturelle, il recommande un ajustement tout semblable à celui dont il revêt ses idées, et sous lequel on doit se représenter sa muse. « Je voudrais faire voir aux jeunes filles, dit-il, la noble simplicité qui paraît dans les statues et les autres figures des femmes grecques et romaines; elles y verraient combien des cheveux noués négligemment par derrière, et des draperies pleines et flottant à longs plis, sont agréables et majestueuses. » Dans sa *lettre à l'Académie*, il nous initie en adorables termes à sa coquetterie de poëte. « Les nations qui vivent sous un ciel tempéré, goûtent moins que les peuples des pays chauds les métaphores dures et hardies... On gagne beaucoup en perdant tous les ornements du superflu, pour se borner aux beautés simples, faciles, claires et négligées en apparence. Pour la poésie, comme pour l'architecture, il faut que tous les

morceaux nécessaires, se tournent en ornements naturels ; mais tout ornement qui n'est qu'ornement est
de trop... Je veux un sublime si familier, si doux et si
simple, que chacun soit d'abord tenté de croire qu'il
l'aurait trouvé sans peine, quoique peu d'hommes
soient capables de le trouver. Je veux un homme qui
me fasse oublier qu'il est auteur, et qui se mette comme
de plain-pied en conversation avec moi ; les ouvrages
brillants et façonnés imposent et éblouissent ; ils ont
une pointe fine qui s'émousse bientôt, ce n'est ni le
difficile, ni le rare, ni le merveilleux que je cherche ;
c'est le beau simple, aimable et commode que je guette,
si les fleurs qu'on foule aux pieds dans une prairie
sont aussi belles que celles des somptueux jardins, je
les en aime mieux. Je n'envie rien à personne. Le beau
ne perdrait rien de son prix, quand il serait commun
à tout le genre humain ; il en serait plus estimable.

« La rareté est un défaut et une pauvreté de la nature, les rayons du soleil n'en sont pas moins un grand
trésor, quoiqu'ils éclairent tout l'univers. Je veux un
beau si naturel, qu'il n'ait aucun besoin de me surprendre par sa nouveauté ; je veux que ses grâces ne
vieillissent jamais, et que je ne puisse presque me
passer de lui : *Decies repetita placebit.* »

Eh bien, sa conduite répondait merveilleusement à
ses écrits ; et cela devait être, car, comme l'ont dit Sénèque et tant d'autres après lui, telle vie, tel style :
Talis hominibus oratio qualis vita. Ouvrez sa correspondance ; recueillez les conseils qu'il adressait, vers
la fin de sa vie, aux jeunes gens placés sous sa direction morale, au duc de Chaulnes ou à son neveu le
marquis de Fénelon ; écoutez-le gronder ce dernier

« de ce qu'il ne voit pas assez les gens qu'il devrait
cultiver, et néglige de se procurer quelque considération
et de se préparer quelque avancement ; » le conjurer
«d'acquérir du talent pour ménager les personnes en
place ou en chemin d'y parvenir ; de profiter de toutes
les occasions naturelles de plaire : de prendre à cet
égard un soin tranquille et modéré, mais fréquent et
presque continuel ; de s'accoutumer dans le monde à
la fatigue de l'esprit, comme à la fatigue du corps dans
un camp, s'il ne veut pas passer sa vie dans l'obscurité, sans crédit, sans appui, sans ressource pour faire
valoir ses services... » De telles recommandations,
mille fois répétées, ne laissent pas place au doute sur
la marche que Fénelon avait suivie pour s'élever, et
sur la sagacité des contemporains qui le jugeaient occupé de sa fortune.

Parmi eux, nous trouvons, avec Saint-Simon, Bossuet, qui n'oublia pas ce trait dans sa polémique ;
Boileau qui y fait allusion dans une lettre à Bros-
sette sur le *Télémaque;* d'Aguesseau dans ses mémoires, La Bruyère enfin, cet autre grand observateur
et peintre de l'époque. Il n'en a rien dit dans son livre, mais il ne s'en cachait pas entre intimes, et il paraît même qu'il prenait plaisir, quelquefois, en sa ma-
lice, à tourmenter un peu Fénelon à ce sujet. Je trouve
ce fait curieux et inconnu des biographes dans un livre devenu rare, *la relation du quiétisme* par Philip-
peaux (page 34, part. Ire); l'auteur, lié avec La
Bruyère, rapporte qu'ayant deviné de très-bonne
heure, surtout à ses assiduités de plus en plus em-
pressées et flatteuses auprès de Bossuet, la candida-
ture de Fénelon au poste de précepteur du duc de

Bourgogne, La Bruyère s'amusa un jour, pour le dé-
concerter lui et son inséparable ami Langeron, à soutenir en leur présence que le roi devait charger M. de
Meaux de continuer au fils les instructions qu'il avait
données au père avec tant de sagesse ; sur quoi les
deux abbés, embarrassés d'abord, trouvèrent bientôt
de nombreuses objections.

Mais ce n'étaient ni les satisfactions de l'orgueil ni
celles de la cupidité que Fénelon recherchait et invi-
tait à rechercher après lui. « A Dieu ne plaise, s'é-
criait-il, en songeant à l'ambition sans dévouement,
à Dieu ne plaise que je veuille te rendre ambitieux,
mon cher neveu ! Ne fais pas ce que je te dis par ambition et par vanité, mais par fidélité pour remplir les
devoirs de ton état et pour soutenir ta famille. » Au
duc de Chaulnes, que sa naissance et ses talents appelaient à de hautes destinées, il parlait aussi des devoirs de son état mais surtout de l'intérêt général
plus que jamais en péril : « Vous vous devez au bien
public dans les circonstances dont on est menacé ;
préparez-vous y par l'application aux choses qu'il faut
savoir, et par les liaisons dont on a besoin. » Ici encore Fénelon recommandait sa propre pratique et con-
viait à suivre son exemple. Ses tout-puissants mo-
biles dans la poursuite du crédit et de la grandeur
étaient ces sentiments du bien public, des besoins du
temps, des obligations du talent envers les hommes.
Sans doute l'amour-propre inné qu'il ne put jamais
étouffer assez dans son cœur s'y mêla plus qu'il n'eût
voulu. » Il arrive souvent, disait-il, qu'on a malgré
soi des vanités et d'autres choses imparfaites qui
échappent par saillies. » Mais, ajoutait-il excellem-

ment, « la fidélité consiste à revenir toujours à une
conduite où l'on réprime ce qui est de trop. » Et, en ce
sens, il fut fidèle. La charité demeura toujours l'élé-
ment dominant de son ambition ; et cet arome céleste
l'empêcha de se corrompre, comme il arrive infailli-
blement aux ambitions avant tout personnelles ; Saint-
Simon le confesse, et la suite de notre récit le mettra
hors de doute ; jamais, dans cette belle vie, le désir du
pouvoir ne fit fléchir la conscience ; jamais ni intrigues, ni injustices, ni faiblesses. Le dirai-je ? par cet
endroit, comme par tous les autres, le style de Fénelon me paraît le pendant et pour ainsi dire l'image
de sa conduite.

Parmi tout cet ingénieux artifice de paroles, point
de ces équivoques apprêtées, de ces obscurités spé-
cieuses, de ces jeux trompeurs de métaphores qui sont
les tours faux de l'écrivain, et qu'on n'évite guère
aussi qu'à la condition de viser plus haut que la vogue.
Vertueuses et dévouées, les convoitises de Fénelon
avaient encore un glorieux caractère, elles étaient
liées aux idées qui s'élevaient alors en avant de l'établissement politique ; elles faisaient partie, à ce moment de l'histoire, de l'éternelle conspiration de l'a-
venir contre le présent, et leur importance n'était rien
moins que celle de la conception nouvelle en quête du
pouvoir pour se réaliser.

La royauté avait atteint en France, degré par degré, le plus haut sommet de sa puissance. De si faible
et si contestée à son origine, elle s'était agrandie et
fortifiée jusqu'à envelopper de son despotisme tous
les despotismes rivaux ou indépendants qui avaient
formé la féodalité. La Fronde, effort disproportionné

de l'aristocratie mourante, de la magistrature tracas-
sière et du peuple enfant, n'avait servi qu'à l'affermir
sur ce trône d'où elle avait voulu la faire descendre.
Elle ne relevait plus que de Dieu, et tout dans l'état
relevait d'elle. Pour un monarque vraiment grand,
quelle admirable situation! « Donnez-moi cinq ans d'un
tel despotisme, disait Turgot, et la France sera libre.»
Aussi bien c'était pour être libre que le tiers-état
c'est-à-dire l'immense majorité de la nation, avait aidé
à l'établissement de ce despotisme. Depuis que Phi-
lippe-le-Bel l'avait appelé aux Etats généraux pour
auxiliaire contre la cour de Rome, il n'avait proclamé
dans chacune de ces assemblées la suprématie de l'in-
violabilité du pouvoir royal qu'en y joignant sans
cesse des demandes où se marquait clairement sa pensée d'émancipation. Mais le prince en qui s'était fait
l'accomplissement du premier de ces vœux ne s'in-
quiéta pas de l'autre.

Ame égoïste et effrénée, il ne vit qu'une source de
jouissances dans cette plénitude d'autorité. Il prit
pour le but ce qui n'était que le moyen: au lieu de
constituer la nation, il travailla à se constituer, en
dehors d'elle, avec les pouvoirs dont elle l'avait in-
vesti, une sorte de théocratie à l'ottomane, que Bossuet justifia par la théocratie juive ; seulement il
existait à son insu une harmonie divinement prééta-
blie entre quelques-unes de ses passions personnelles
et les besoins généraux des peuples. Louis XIV voulait dominer en maître le spirituel comme le temporel,
et l'instinct religieux, l'instinct politique de la France
aspiraient l'un et l'autre à une Église nationale. Il y
avait urgence d'introduire l'ordre et la régularité dans

toutes les branches de l'administration intérieure li-
vrée au chaos par Richelieu et Mazarin ; et Louis XIV
du reste, homme d'affaires supérieur, était entraîné et
retenu à cette tâche, sa principale gloire, par sa passion de tout régler dans le sens de l'unité despo-
tique.

Redoutant l'indépendance de l'esprit nobiliaire, il
n'appelait aux charges que des roturiers, et servait
par là les progrès du tiers état vers l'égalité et la puissance. La grande ère de la littérature française était
arrivée, l'industrie et le commerce demandaient à se
développer, et Louis XIV favorisait les écrivains pour
en tirer plus de louanges et de services, les manufac-
turiers et les marchands pour en tirer plus d'or. Il
fallait à la France, pour sa prospérité particulière et
sa mission civilisatrice, une capitale resplendissante
qui devînt le rendez-vous naturel des hommes d'élite
de l'Europe entière, et Louis XIV mettait sa gloire
aux constructions fastueuses, jaloux d'effacer Baby-
lone elle-même, dont les plans, rapportés par Char-
din, servirent à élever Versailles. Enfin, il fallait que
nos frontières s'étendissent, que l'invasion de nos soldats préparât celle de nos penseurs, que la fièvre
guerrière et conquérante de la nation fût satisfaite ;
et Louis XIV estimait, comme il l'écrivait à Villars,
« que s'agrandir est la plus digne et la plus agréable
occupation des souverains. » Ces remarquables correspondances eurent pour effet de conserver la faveur
populaire au pouvoir absolu, tout infidèle qu'il était à
sa raison d'être et à sa destination. Il y eut alors,
comme durant l'empire, un moment où la nation, la
plus éprise naguère de liberté, parut oublier tous ces

plans d'émancipation dans l'unanime enthousiasme de l'ordre supérieur et de la lutte extérieure. Mais, comme sous l'empire, le charme se brisa. Les entreprises du monarque cessèrent de paraître s'accorder avec la pensée et les nécesités publiques, et le cœur des peuples s'en détacha de plus en plus. Ils se prirent à croire ce que les puissances coalisées leur répétaient dans les écrits dont elles inondaient la France, qu'ils n'étaient plus que les instruments d'un monstrueux orgueil. Ils se plaignirent de n'être ni consultés, ni éclairés sur les sacrifices qu'on leur imposait. L'administration retombant de plus en plus dans les voies désastreuses, et la misère croissant dans une proportion inouïe, ne rendirent pas seulement odieuse, avec les guerres et les magnificences de Louis XIV, la toute-puissance dont elles découlaient; elles tournèrent l'attention vers les problèmes économiques, matières inexplorées jusqu'alors en dehors des bureaux, et fécondes en lumières, en inspirations hardies.

Au milieu du mécontentement public, qui réveillait toutes les anciennes traditions des différents ordres, on vit se manifester une foule de nouveautés, fruits naturels du progrès des temps, mûris durant la période même d'obéissance spontanée. Déjà l'abbé de Saint-Pierre méditait *ses rêves d'homme de bien* sur presque tous les points de la science politique; Boulainvilliers, ses théories aristocratiques animées par un si vif instinct de liberté; Boisguilbert, Vauban, leurs admirables plans de réforme financière; Racine, les belles maximes de son *Athalie*, et sa requête en faveur du peuple. La Bruyère venait de publier (1688) son chef-d'œuvre où se trahit, en mille endroits, tant de hardiesse politique. Les doctrines que Bossuet avait combattues dans Jurieu s'infiltraient au sein de la nation ; on les retrouvait dans les brochures qui circulaient clandestinement. C'était le but de la grande fermentation de philosophie sociale qui devait aboutir à 89 ; mouvement remarquable, confus sans doute et bien mêlé, comme tout prélude, mais qui dans quelques-uns des écrits où il se marqua, apparaît déjà aussi net qu'il le sera partout la veille de la révolution. En 1788 on publia, sous le titre de *Vœux d'un patriote*, un pamphlet auquel sa parfaite conformité avec le sentiment général valut un immense succès. Eh bien! ce pamphlet n'était pas autre chose qu'une édition nouvelle de quinze mémoires d'un zélé catholique, imprimés cent ans auparavant, du 10 août 1689 (curieuses dates pour un tel ouvrage) au mois de septembre 1690, avec cette suscription : *Soupirs de la France esclave qui aspire après la liberté.* (Voyez Nodier, mélanges tirés d'une petite bibliothèque.) »

Fénelon, dont l'avénement eut lieu sept jours après l'apparition du premier de ces mémoires, était entré fort avant dans ce mouvement. En le donnant pour successeur dans la haute charge de précepteur d'un héritier du trône à Bossuet, le théoricien du pouvoir absolu, Louis XIV avait, sans le savoir, choisi en roi constitutionnel, selon la différence des temps, et confié les destinées futures de la monarchie à un représentant du nouvel esprit politique. Pour Bossuet, fils de légistes, les idées de monarchie absolue et d'Église gallicane étaient une sorte d'héritage de famille. La

maison féodale et épiscopale de Fénelon lui avait
transmis de même l'esprit d'indépendance vis-à-vis du
pouvoir royal; et un ensemble de maximes ultramon-
taines en religion, aristocratiques et libérales en matière de gouvernement, favorables à l'agriculture et
hostiles à l'industrie de luxe en économie politique.
Le travail de son intelligence éclairée aux méditations
de l'histoire et de la philosophie, au commerce de l'antiquité, les inspirations de son cœur pénétré du sentiment évangélique, avaient développé en les modi-
fiant ces influences originelles, ajouté et retranché,
sans le détruire entièrement, ce premier fond de traditions domestiques. Ainsi s'était formé dans son esprit un idéal de société tout à fait opposé à celui de
Bossuet, mais beaucoup moins tourné à l'utopie que
ne l'a fait croire, en général, le *Télémaque* mal compris.

Il admettait en principe la distinction, l'indépendance réciproque et le concours des deux puissances
spirituelle et temporelle ; d'une part, il ne reconnais-
sait à l'Église aucun droit d'élire ou de déposer les
rois, et il proclamait les pasteurs soumis au prince,
comme les derniers des sujets, jusqu'à la peine de
mort inclusivement; de l'autre il déclarait le prince
qui voulait rester chrétien soumis au pasteur, comme
le dernier des laïques jusqu'à l'excommunication inclusivement. Entre les deux autorités, il désirait le
concert, l'Eglise affermissant le prince par des exhortations aux sujets et des excommunications contre les
rebelles, le prince faisant exécuter les décisions de
l'Eglise ; hors de là, il ne voyait plus qu'usurpation ;
et c'est ainsi qu'il qualifiait les pratiques administra-

tives introduites par l'omnipotence royale dans l'E-
glise de France depuis le concordat. Il déplorait avec
amertume les élections abolies, les officialités de plus
en plus dépendantes, les conseils provinciaux inter-
dits, l'appel comme d'abus grandissant chaque jour ;
les laïques dominant les évêques, demandant et exa-
minant les bulles sur la foi, jugeant de tout sous prétexte de possessoire, comme autrefois l'Eglise jugeant
de tout sous prétexte de contrat ; le roi plus chef de
l'Eglise que le pape ; les libertés gallicanes, libertés
à l'égard du pape, servitudes envers le roi, la plupart
des évêques ne connaissant plus que le roi qui les
nomme, voyant en son pouvoir toute la discipline, et
y laissant aller la direction dogmatique elle-même. Il
eût voulu l'Eglise maîtresse pour le spirituel, comme
s'il n'y avait pas d'Etat ; et il offrait, pour elle, de
rendre toutes les richesses qu'elle tenait des puissances du siècle plutôt que de subir leur joug et de
perdre la liberté évangélique ; offre généreuse et logique qu'avait déjà faite au douzième siècle, au grand
mécontentement de l'épiscopat, le pape Pascal II,
qu'a reproduite de notre temps, au grand mécontentement de Rome, un autre prêtre illustre, mais qui,
pas plus alors qu'aujourd'hui, n'était du goût, et il
faut le dire aussi, de l'intérêt de ceux aux noms desquels elle était faite. (*Mémoire confidentiel adressé à
Clément XI. — Sermon pour le sacre de l'électeur de
Cologne. — Plans de gouvernement.*)

Quant à cette grande question de la règle à suivre
au sujet des dissidents, il écrivait à Beauvillers : « Le
bruit public de ce pays, est que le conseil sur les affaires des huguenots, où vous entrez, ne prend que

des partis de rigueur ; ce n'est pas là le vrai esprit de l'Evangile ; l'œuvre de Dieu sur les cœurs ne se fait point par violence ; je suppose que s'il y a de la rigueur, elle ne vient pas de vous, et que vous ne pouvez la modérer. » Il disait au prétendant Jacques III : « Sur toutes choses, ne forcez jamais vos sujets à changer de religion. Nulle puissance humaine ne peut forcer le retranchement impénétrable de la liberté du cœur. La force ne peut jamais persuader les hommes ; elle ne fait que des hypocrites. Accordez à tous la tolérance civile, non en approuvant tout comme indifférent, mais en souffrant avec patience tout ce que Dieu souffre, et en tâchant de ramener les hommes par une douce persuasion. » (*Histoire de Fénelon*, par Bausset, liv. X. — *Vie de Fénelon*, par Ramsay.)

Il définissait la puissance temporelle « une autorité coactive pour faire vivre les hommes en société, avec subordination, justice et honnêteté de mœurs. » Il n'hésitait pas à dire « qu'elle vient de la communauté des hommes qu'on nomme nation, tandis que la spirituelle vient de Dieu, par la mission de son fondateur et des apôtres. On reconnait là encore une formule de M. de Lamennais. C'était aussi la théorie au moyen de laquelle les jésuites, au seizième siècle, à l'imitation de Grégoire VII et d'Innocent III, avaient prétendu établir, subsidiairement, la souveraineté du peuple dans chaque État particulier, et fondamentalement, sur toute la société civile, l'empire absolu de la papauté, unique représentation de l'autorité divine sur la terre. Fénelon, qui répudiait la dernière de ces conséquences, n'acceptait pas la première. De l'origine nationale de la royauté, il se bornait à conclure,

comme plus tard Massillon, ses obligations nationales,
et son caractère de magistrature et de mandat.

Il condamnait, dans tous les cas, toute rupture violente avec le régime établi, à tort à coup sûr, en mé-
connaissant l'une des nécessités du progrès, et la valeur des forces fatales de l'humanité: mais sans
superstition, et dans la seule vue de l'utilité publique.
« Il vaut mieux, disait-il, souffrir, pour l'amour de
l'ordre, les maux inévitables dans tous les États, même
les plus réglés, que de secouer le joug de toute autorité en se livrant sans cesse aux fureurs de la multitude qui agit sans règle et sans loi. Quand l'autorité
souveraine est fixée, par les lois fondamentales, dans
un seul, dans peu ou plusieurs, il faut en supporter
les abus, si l'on ne peut y remédier par des voies com-
patibles avec l'ordre. » C'était donc sur la royauté elle-
même, qu'il fondait ses espérances pour régénérer
l'État ; aussi fut-il étranger à la publicité que reçurent,
de son vivant même, quelques-uns de ses écrits politiques, tous destinés uniquement aux méditations
intimes des princes et de leurs ministres. Mais en présence de la misère publique et de l'agitation des esprits, les terribles renversements dont il ne voulait à
aucun prix, lui apparaissaient dans l'avenir, comme
des conséquences de l'œuvre de Louis XIV, inévitables, si elle ne se rectifiait pas ; et il puisait dans
cette prévision un argument de plus en faveur de ses
idées. De là, dans le *Télémaque*, cette continuelle préoccupation de la chute des trônes ; et ces prédictions
plusieurs fois répétées, et si remarquables à leur date :
« Ils peuvent tout ; mais à force de tout pouvoir, ils
sapent le fondement de leur puissance,.. Il viendra

6

une révolution soudaine et violente qui, loin de modérer leur autorité excessive, l'abattra sans ressource. »
Le despotisme, la volonté d'un seul, sans autre frein
que celui qu'elle s'impose, sans autre conseil que ses
délégués, devenue la règle et le but de vingt millions
d'âmes, toute idée des devoirs du prince envers l'État,
s'évanouissant dans le prétendu droit divin, un pouvoir établi par le peuple et pour le peuple dirigé
comme s'il existait par lui-même et pour lui-même,
un intérêt particulier substitué à l'intérêt commun ;
voilà, en effet, le mal que Fénelon voulait extirper et
qu'il appelait « une odieuse usurpation, un attentat
sur les droits de la fraternité humaine..... Il ne faut
pas que tous soient à un seul, répétait-il sans cesse ;
mais un seul doit être à tous, pour faire leur bonheur. » Pour y arriver, il demandait une constitution
écrite, concentrée, inviolable, qui laissât le souverain
puissant pour le bien, impuissant pour le mal.

« La fonction principale de celui qui gouverne les
peuples est de leur donner des lois qui règlent tout
ensemble, le roi et les peuples, pour les rendre bons
et heureux. Commander des armées et remporter
des victoires, n'est rien en comparaison de la gloire
d'un législateur... Il faut qu'un peuple ait des lois
écrites, toujours constantes, et consacrées par toute
la nation ; qu'elles soient au-dessus de tout ; que
ceux qui gouvernent n'aient d'autorité que par elles ;
qu'ils puissent tout pour le bien, et suivant les lois
pour autoriser le mal... Le prince doit être le plus
obéissant à la loi. Sa personne détachée de la loi n'est
rien, et elle n'est consacrée qu'autant qu'il est lui-
même, sans intérêt et sans passion, la loi vivante

donnée pour le bien des hommes. » Cette constitution,
telle que le demandait Fénelon, eût laissé subsister et
même renforcé, à certains égards, la division hiérar-
chique des trois ordres. L'amour des classes souf-
frantes était la première passion de Fénelon, la première inspiration de sa politique; il était bien loin
d'admettre pour elles, avec Boulainvilliers, une infé-
riorité de race : « C'est une erreur brutale de croire
qu'il y ait des hommes nés pour flatter la paresse
et l'orgueil des autres, dit-il, à propos des domestiques ; le service étant établi contre l'égalité naturelle des hommes, il faut l'adoucir autant qu'on le
peut. » Il avait de l'unité à laquelle marche le genre
humain un sentiment profond qu'il a exprimé en
traits ineffaçables dans sa célèbre peinture du *Paradis.* Ils ne font tous ensemble qu'une seule voix, une
seule pensée, un seul cœur. » Il applaudissait un travail des siècles qui avait fait rentrer sous sa juridiction commune le clergé et la noblesse ; et il réclamait
même l'achèvement de cette grande œuvre politique,
avec plus de hardiesse qu'il n'y en avait dans le gouvernement de Louis XIV; car, il réclamait « la sup-
pression de toutes les justices féodales conservées,
soit par les seigneurs, soit par le roi, dans les villages
de ses terres et la contribution des deux ordres aux
charges de l'État pour leurs revenus. » Mais il demandait, en retour, que la maison du roi se recrutât entièrement dans la noblesse : qu'elle eût des ordres de
chevalerie, distincts et proportionnés à l'ancienneté ;
qu'à mérite égal on préférât les nobles pour les places
de présidents et de conseillers aux parlements ; que
toute maison eût un bien substitué à jamais, comme

en Espagne ; que les mésaillances entre les deux
sexes, et, sauf le cas de services signalés, les anoblis-
sements fussent défendus, etc. Et, tel était à cet égard
son aveuglement de naissance, qu'on retrouve jusque
dans son plan de Salente des règlements analogues.
Fénelon, empruntant au passé l'idée d'institutions
meilleures, par exemple de tout un système d'assemblées nationales. Rien ne lui paraissait plus « capital
que de rétablir les Etats généraux abolis par l'autorité absolue. » Il les composait de l'évêque de chaque
diocèse, et de députés librement élus sans que le roi
eût même le droit de recommandation et ne devant
recevoir aucun avancement que trois ans après leur
mandat accompli. » Ils se seraient réunis périodique-
ment « tous les trois ans, avec pouvoir de continuer
leurs délibérations autant qu'ils le jugeraient nécessaire, et ils les auraient étendues par voie de représentation sur toutes les matières de justice, de police,
de finances, de guerres, d'alliances et de traités,
d'agriculture, de commerce, etc. Ils eussent été
assistés, pour la levée et l'équitable répartition des
impôts, par des états provinciaux chargés aussi d'une
partie de l'administration, et au nombre de vingt, et
par des *assiettes* ou diétines instituées dans chaque
diocèse. A ces assemblées électives et représentatives,
Fénelon voulait joindre dix conseils nommés par le
roi qui auraient remplacé les ministères. Par ce système, qui substituait à la monarchie absolue un régime national, un gouvernement de discussion et de
contrôle, la royauté, descendant de la colonne solitaire où elle ne voyait et n'entendait qu'elle-même,
venait s'établir au milieu de ses sujets, pour associer

ses destinées aux leurs, s'éclairer de leurs lumières, soulager leurs maux et se pénétrer de leur force. Les digues étaient construites qui devaient ramener et retenir dans son cours naturel le torrent débordé. On avait une sorte de monarchie pondérée, comme la Prusse actuelle ; on s'approchait de la monarchie anglaise, dont Fénelon disait au prétendant : « Considérez attentivement quels sont les avantages que vous pouvez tirer de la forme du gouvernement de votre pays, et des égards que vous devez avoir pour votre sénat. Ce tribunal ne peut rien sans vous ; n'êtes vous pas assez puissant? Vous ne pouvez rien sans lui ; n'êtes vous pas heureux d'être libre pour faire tout le bien que vous voudriez, et d'avoir les mains liées quand vous voudriez faire du mal? Tout prince sage doit souhaiter d'avoir un conseil qui modére son autorité ; l'autorité paternelle est le premier modèle des gouvernements; tout bon père doit agir de concert avec ses enfants les plus sages et les plus expérimentés. »

De cet ensemble d'institutions, Fénelon se proposait, entre autres résultats fondamentaux, de diminuer les chances de guerre, en empêchant les entreprises extérieures uniquement personnelles au prince et conçues dans des vues d'ambition, de gloire, de vengeance étrangères à la nation. Ces sortes d'entreprises étaient à ses yeux des crimes horribles. Mais toute guerre lui paraissait une immense calamité : « Il n'y a presque point de guerre, même heureusement terminée, qui ne fasse beaucoup plus de mal que de bien à un État. On n'a qu'à considérer combien elle ruine de familles, combien elle fait périr d'hommes,

combien elle ravage et dépeuple tous les pays, combien elle dérègle un État, combien elle y renverse les
lois, combien elle autorise la licence, combien il faudrait d'années pour réparer ce que deux ans causent
de maux contraires à la bonne politique dans un État.
Tout homme sensé et qui agirait sans passion entre-
prendrait-il un procès le mieux fondé selon les lois,
s'il était assuré que ce procès, même en le gagnant,
ferait plus de mal que de bien à la nombreuse famille
dont il est chargé? Il n'y a qu'un seul cas où la guerre,
malgré tous ses maux, devient nécessaire; c'est le cas
où l'on ne pourrait l'éviter qu'en donnant trop de
prise et d'avantage à un ennemi injuste, artificieux et
trop puissant. » Mais ce n'était pas seulement au nom
de la patrie, que Fénelon protestait contre les conqué-
rants et contre la guerre; c'était au nom de l'humanité tout entière. On connait sa belle parole : « J'aime
mieux ma famille que moi-même; j'aime mieux ma
patrie que ma famille; mais j'aime encore mieux le
genre humain que ma patrie. » Il y revient sans cesse :
« De même qu'un chef de famille ne doit jamais
s'entêter de la grandeur de sa maison jusqu'à vouloir
troubler la paix de tout le peuple; de même c'est une
conduite insensée, brutale, que le chef d'une nation
mette sa gloire à augmenter la puissance de son peuple, en troublant le repos et la liberté des peuples voisins. Un peuple n'est pas moins un membre du genre
humain, qui est la société générale, qu'une famille
est un membre d'une nation particulière. Chacun doit
incomparablement plus au genre humain, qui est la
grande patrie, qu'à la patrie particulière dont il est
né... La guerre est un mal qui déshonore le genre

humain ; si l'on pouvait ensevelir toutes les histoires dans un éternel oubli, il faudrait cacher à la postérité que les hommes ont été capables de tuer d'autres hommes. Toutes les guerres sont civiles ; car c'est toujours l'homme qui répand son propre sang, qui déchire ses propres entrailles... Tout le genre humain n'est qu'une famille dispersée sur la face de toute la terre ; tous les peuples sont frères et doivent s'aimer comme tels. » Il tirait de ces principes la conséquence que la plus stricte justice et la plus parfaite bonne foi doivent présider, en toute occurrence, à la politique extérieure, comme à la politique intérieure des États ; et il n'est pas de maxime sur laquelle il insiste plus souvent dans ses différents ouvrages.

Hors les champs de bataille, il appelait les rois et les nations au travail pacifique, à l'exploitation en commun de ce globe, qu'ils se disputaient, à l'association universelle par la liberté commerciale : « La terre ne manque jamais aux hommes ; mais les hommes insensés se manquent à eux-mêmes en négligeant de la cultiver. Les hommes ont devant eux des terres immenses qui sont nues et incultes ; et ils renversent le genre humain pour un coin de cette terre si négligée. Bien cultivée, elle nourrirait cent fois plus d'hommes. D'ailleurs, c'est par un effet de la Providence que nulle terre ne porte tout ce qui sert à la vie humaine ; car le besoin invite tous les hommes au commerce pour donner mutuellement ce qui leur manque, et ce besoin est le lien naturel de la société entre les nations ; autrement, tous les peuples du monde seraient réduits à une seule sorte d'habits et d'aliments ; rien ne les inviterait à se connaître et à s'entrevoir. »

Aussi mettait-il au premier rang des devoirs du prince et des États généraux d'encourager, par tous les moyens, l'extension et le perfectionnement de l'agriculture, la meilleure base du bonheur de tous et de la puissance des rois..... Mettez des taxes, des amendes et même, s'il le faut, d'autres peines plus rigoureuses, sur ceux qui négligeraient leurs champs, comme vous puniriez des soldats qui abandonneraient leurs postes dans la guerre ; au contraire, donnez des grâces et des exemptions aux familles qui, se multipliant, augmentent à proportion la culture de leurs terres. Bientôt les familles se multiplieront, et tout le monde s'animera au travail ; il deviendra même honorable. La profession de laboureur ne sera plus méprisée, n'étant plus accablée de tant de maux. On verra la charrue en honneur, maniée par des mains victorieuses qui auront défendu la patrie. » Pour la liberté commerciale, il la voulait entière : « Surtout n'entreprenez jamais de gêner le commerce pour le tourner selon vos vues. Il faut que le prince ne s'en mêle point, et qu'il en laisse tout le profit à ses sujets qui en ont la peine ; autrement, il les découragera ; il en tira assez d'avantages par les grandes richesses qui entreront dans ses États. Le commerce est comme certaines sources : si vous voulez détourner leurs cours, vous les faites tarir. Il n'y a que le profit et la commodité qui attirent les étrangers chez vous ; si vous leur rendez le commerce moins commode et moins utile, ils se retirent insensiblement, et ne reviennent plus, parce que d'autres peuples, profitant de notre imprudence, les attirent chez eux, et les accoutument à se passer de vous. » Et dans son plan de gouvernement, il propose d'abandonner les droits d'entrée et de sortie, et d'accorder sans frais, à tout étranger, moyennant certificat et serment, tous les priviléges des naturels. Toutefois, il recommande d'exercer une active surveillance, « une espèce de censure sur les moyens dont chacun s'enrichit ; de punir sévèrement les banqueroutes, la fraude, la négligence, la violation des règlements des sociétés particulières et, en même temps, de récompenser la fidélité, l'exactitude ; d'établir des magistrats à qui les marchands rendent compte de leurs effets, de leurs profits, de leurs dépenses et de leurs entreprises ; de défendre aux marchands de risquer le bien d'autrui, et même la moitié du leur ; d'instituer des monts de piété pour ceux qui voudraient commencer, et n'auraient pas de quoi avancer. » Parmi les arts industriels, les seuls utiles à tous avaient place dans ce système qui, après le naufrage de l'œuvre de Colbert, renouait la tradition de Sully. Dans les autres, Fénelon repoussait les instruments de luxe, qu'il maudissait comme amenant à sa suite mille vices et mille désordres : « Le luxe empoisonne toute une nation : on dit qu'il sert à nourrir les pauvres aux dépens des riches, comme si les pauvres ne pouvaient pas gagner leur vie, en multipliant les fruits de la terre, sans amollir les riches par des raffinements de volupté. Toute une nation se ruine, toutes les conditions se confondent. La passion d'acquérir du bien pour soutenir une vaine dépense corrompt les âmes les plus pures : il n'est plus question que d'être riche ; la pauvreté est une infamie. Soyez savant, habile, vertueux ; instruisez les hommes ; gagnez des batailles; sauvez la patrie, sacrifiez tous vos intérêts; vous êtes méprisé, si vos talents ne sont relevés par le faste. » Fénelon cherchait d'autres remèdes à ces maux dans « des lois somptuaires, comme chez les Romains; » dans le retour des princes à la simplicité et à l'économie, dans une direction sévère imprimée à l'éducation de la jeunesse. « Chacun ne peut plus se passer d'appartements vastes et d'enfilades; chacun veut avoir des jardins où l'on renverse toute la terre; des jets d'eau, des statues, des parcs sans bornes; des maisons dont l'entretien surpasse le revenu des terres où elles sont situées. D'où cela vient-il? De l'exemple d'un seul. L'exemple d'un seul peut redresser les mœurs: il faut le donner en habits, en meubles, en équipages, en table, en bâtiments. » Quant aux beaux-arts, Fénelon proclamait qu'il n'est pas permis de les abandonner, et il appelait sur eux, aussi bien que sur la science et les lettres, la protection du pouvoir; mais il les voulait au service de l'État, de la religion, de la pensée publique. « Il faut borner la musique aux fêtes dans les temples, pour y chanter les louanges des dieux et des héros; ne permettre aussi que pour les temples les grands ornements d'architecture; n'employer les sculpteurs et les peintres que pour conserver la mémoire des grands hommes et des grandes actions. » Par-dessus tout, Fénelon était préoccupé de l'éducation et de la nécessité qu'elle fût publique, concentrée aux mains de l'État, constamment surveillée par l'autorité suprême : « Il faut établir des écoles publiques, où l'on enseigne la crainte des dieux, l'amour de la patrie, le respect des lois, la préférence de l'honneur aux plaisirs et à la vie même..... Les enfants appartiennent moins à leurs parents qu'à la république (1) ; ils sont les enfants du peuple ; ils en sont l'espérance et la force ; il n'est pas temps de les corriger quand ils se sont corrompus. Il vaut mieux prévenir le mal que d'être réduit à le punir. Le roi, qui est le père de tout le peuple, est encore plus particulièrement le père de la jeunesse, qui est la fleur de toute la nation. C'est dans la fleur qu'il faut préparer les fruits : que le roi ne dédaigne donc pas de veiller et de faire veiller sur l'éducation qu'on donne aux enfants. » (*Télémaque.* — *Directions pour la conscience,* etc. — *Dialogues.* — *Correspondances.* — *Plans.*)

Telles étaient les idées presque toutes mémorables, alors même qu'elles étaient inexactes ou inopportunes, pour le succès desquelles Fénelon, comme Socrate,

---

(1) Il y a à faire ici quelques remarques : 1° cette formule du pouvoir de l'Etat sur l'enseignement est textuellement extraite du *Télémaque*, un livre qui est entre les mains de tout le monde, comment se fait-il que dans toutes les diatribes anti-universitaires dont nous sommes inondés, elle soit unanimement dénoncée comme une invention de Robespierre et de Danton ; 2° en rangeant ainsi, à l'exemple de tous les jurisconsultes, l'éducation parmi les droits régaliens, et non parmi les libertés individuelles, Fénelon est pleinement d'accord avec le codificateur par excellence de la doctrine catholique. Voici, en effet, ce que dit saint Thomas dans son Traité *Contra impugnantes religionum :* « Ad eum qui rempublicam regit pertinet ordinare de nutritio-« nibus et instructionibus juvenum, in quibus exerceri debeant, « et quales disciplinas unusquisque addiscere et usquequo ha-« bent. » Comment se fait-il que le même parti qui invoque sans cesse l'autorité de Fénelon et de saint Thomas, proclame en chœur, impie, affreuse, satanique, une de leurs maximes? Ceci soit dit dans le seul intérêt des principes et de la vérité, et sans méconnaître ce qu'imposent de restrictions provisoires aux éléments les plus essentiels de la souveraineté, la division de la société et l'imperfection de l'Etat.

avait appris l'art de la séduction, et, comme saint
Paul, dont il répète souvent l'expression à titre de
conseil, se faisait tout à tous, *omnia omnibus*. Dans
les fonctions qui venaient de lui être confiées, il avait
brigué l'immense bonheur d'incarner, pour ainsi dire,
son type du souverain, d'élever à la patrie, selon ses
vues de perfection, « un roi philosophe, un nouveau
saint Louis, » comme l'autre ardent pour la justice et
le bien public, convaincu que la politique n'est qu'une
marche de la morale, père, législateur, initiateur de
son peuple.

L'œuvre était difficile pourtant. Le duc de Bourgogne, qui n'avait que sept ans en 1689, manifestait,
dès lors, avec de rares qualités d'esprit, les vices de
caractère les plus opposés aux desseins que Fénelon
avait sur lui. Fénelon, aidé des collègues qu'il s'était
choisis, Langéron, Beaumont, Fleury, etc., développa les qualités et combattit les vices avec un dévouement sans réserve, une patience de toutes les
heures, et par l'application de la méthode à la fois
profonde et charmante qu'il avait exposée. Entre autres préceptes, il avait donné celui-ci : « Remarquez
un grand défaut des éducations ordinaires : on met
tout le plaisir d'un côté et tout l'ennui de l'autre; tout
l'ennui dans l'étude, tout le plaisir dans le divertis-
sement. Que peut faire un enfant, sinon supporter
impatiemment cette règle et courir ardemment après
les jeux? Tâchons donc de changer cet ordre : ren-
dons l'étude agréable; cachons-la sous l'apparence de
la liberté et du plaisir. » Il en fit le principe de son
enseignement moral et intellectuel. Tous ces préceptes coulèrent de ses lèvres et de sa plume en dis-

cours, en écrits; complaisants et enjoués comme ceux des Grecs. Il les soufflait gracieusement à la jeune âme confiée à sa tutelle, et les lui insinuait par d'heureux détours et sous des formes enchanteresses. Rien de didactique que l'inévitable. Pour la première instruction religieuse, au lieu « des sécheresses du catéchisme, » les *merveilleuses histoires* des deux Testaments et des premiers siècles de l'Église; des tableaux ravissants, les effusions adorables de la première partie du Traité de l'*Existence de Dieu*, écrit dès 1688. Les beaux récits sur l'origine des institutions; les curieuses explications des cérémonies; pour l'instruction littéraire, peu de grammaire, point de rhétorique; des versions et des thèmes tirés des plus agréables passages des anciens et des modernes ou composés par Fénelon, sur des sujets touchants (par exemple, la mort de La Fontaine); des fables se rapportant au jeune prince et à sa famille; des contes comme les *Aventures d'Aristonoüs;* de perpétuelles lectures choisies et commentées avec cette tolérance qui cherche et loue le beau dans Catulle ou Molière, comme dans Virgile ou Racine; avec ces analogies empruntées aux beaux-arts, qui étaient alors toutes nouvelles; avec ce sens élevé et ce goût admirable qui placent les *Dialogues sur l'éloquence* à côté du *Phèdre* de Platon, et la *Lettre à l'Académie* au premier rang dans notre littérature critique. Pour l'histoire proprement dite : les *Dialogues des morts,* ouvrage trop peu lu, où une forme piquante revêt souvent une profonde intelligence du passé; celle de Charlemagne, par Fénelon lui-même, qui s'est malheureusement perdue; des fragments choisis de nos vieilles chroni-

ques ; des exposés animés de ce détail pittoresque et
saisissant, empreints de ces variations du droit public
et des usages que Fénelon, préludant à la réforme de
notre temps, recommandait instamment aux historiens futurs (1); de longues conversations, libres, gé-

---

(1) Je ne puis me défendre de m'arrèter à ce point curieux.
M. Augustin Thierry a signalé avec admiration le pressentiment
des instincts de la nouvelle école historique dans ces lignes d'un
mémoire inédit de Freret, écrit en 1714 : « Quoique les historiens
les plus estimés de l'antiquité aient fait leur principal objet du
détail des mœurs, presque tous nos modernes ont négligé de
suivre leurs traces. C'est le détail, abandonné par les autres écrivains, que je me propose pour but dans ces recherches. » La
même année 1714, Fénelon avait tracé le *projet d'un traité de
l'histoire*, bien autrement explicite comme programme de la révolution accomplie de nos jours dans la science, et je m'étonne que
M. Thierry ait oublié ces pages vraiment remarquables. En voici
des extraits : « J'aime mieux un historien peu exact et peu judi-
cieux, qui me peint naïvement tout le détail, comme Froissart,
qu'un sec annaliste.... Une circonstance bien choisie, un mot bien
rapporté, un geste qui a rapport au génie ou à l'humeur d'un
homme, est un trait original et précieux dans l'histoire; il vous
met devant les yeux cet homme tout entier..., le point le plus
nécessaire et le plus rare pour un historien est qu'il sache exac-
tement la forme du gouvernement et le détail des mœurs de la
nation dont il écrit l'histoire, pour chaque siècle. Un peintre qui
ignore ce qu'on nomme le *Costume* ne peint rien avec vivacité....
Chaque nation a des mœurs différentes des peuples voisins ;
chaque peuple change souvent pour ses propres mœurs.... Notre
nation ne doit pas être peinte d'une façon uniforme ; elle a eu des
changements continuels. Un historien qui représentera Clovis en-
vironné d'une cour polie, galante et magnifique, aura beau être
vrai dans les faits particuliers, il sera faux pour le fait principal
des mœurs de toute la nation. Les Francs n'étaient alors qu'une
troupe errante et farouche, presque sans loi et sans police, etc....
Les changements dans la forme du gouvernement doivent être
observés de près. Par exemple il ne faut jamais confondre les
comtés bénéficiaires du temps de Charlemagne, qui n'étaient que
des emplois personnels, avec les comtés héréditaires, qui devinrent
sous ses successeurs des établissements de famille. Il faut dis-

nérales, mêlées à l'enseignement direct et spécial, et
partout répandues les vertueuses maximes du maître ;
un véritable cours de politique, accommodé à l'âge du
Prince et gradué selon ses progrès, résultant de ces
textes choisis des grands écrivains, et de ces fables
morales, de ces dialogues historiques, de ces leçons
de tout genre qui en paraissaient la continuation. Le
succès fut grand : sur la plupart des défauts de son
élève, Fénelon parvint à greffer des vertus qui devaient
à la longue les étouffer, et cette jeune intelligence s'ouvrit avec une précocité surprenante, à toutes les connaissances, à toutes les idées élevées, à tous les principes généreux.

Mais la faveur de Fénelon était loin de répondre,
auprès du roi, à ces heureux résultats, aux protec-
tions qu'il s'était acquises, à la figure qu'il faisait à
la cour. Entouré de nombreux amis qu'il *tenait tous
dans sa main*, dit Bossuet, adoré et vénéré comme un
père spirituel, comme un oracle, comme l'homme nécessaire à l'État et à l'Église, par deux seigneurs que
Louis XIV estimait entre tous, les ducs de Beauvilliers et de Chevreuse ; appuyé avec ardeur par les plus
influents des jésuites, surtout par le père La Chaise,
confesseur du roi depuis 1675, puissant sur l'esprit de
madame de Maintenon et, en général, sur l'esprit des

---

tinguer les Parlements de la seconde race, qui étaient les Assemblées de la nation, d'avec les divers Parlements établis pour juger
les procès des particuliers. Il faut connaître l'origine des fiefs,
l'affranchissement des serfs, l'élévation du tiers état, etc. Il est
cent fois plus important d'observer ces changements de la nation
entière que de rapporter des faits particuliers. » N'y a-t-il pas là
toute la théorie de la préface *des ducs de Bourgogne* et des lettres
sur l'histoire de France ?

femmes, qui avaient tant d'action dans les affaires;
constamment maître, selon l'expression de La Bruyère,
de l'oreille et de l'âme de ceux qui l'écoutaient; enfin,
comme le héros de Racine,

Charmant, jeune, traînant tous les cœurs après soi,

il ne recevait cependant aucune grâce, aucune preuve
de reconnaissance. Il avait, il est vrai, des priviléges
d'étiquette que Bossuet n'avait pas eus. Il mangeait à
la table du duc de Bourgogne et montait dans son car-
rosse; mais il les tenait de sa naissance et du cérémonial
inviolable de la cour. Point de distinctions personnelles;
point de ces éloges si précieux alors dans une bouche
royale, et que Louis XIV savait si bien décerner; point
de bénéfices, bien qu'il fût notoire que l'illustre précepteur, réduit presque aux seuls appointements de sa
place et endetté, ne pouvait, que par une gêne extrême,
faire face aux exigences de son nom et de sa position.
Dès l'origine, Louis XIV avait conçu des sentiments peu
favorables pour celui qu'il persécuta dans la suite.
« Votre abbé de Fénelon est fort bien venu ici, écrivait,
1683, madame de Maintenon à madame de Saint-Gé-
ran, *tout le monde ne lui rend pourtant pas justice; on le
craint et il voudrait être aimé avec ce qu'il faut pour l'être.* »
En 1686, Fénelon fut deux fois proposé pour un évê-
ché, et deux fois repoussé. On s'explique sans peine
qu'un moment vaincue en 1689, au point d'accepter
Fénelon pour l'un des ministres les plus considérables
dans une monarchie absolue, cette antipathie ait re-
paru, en présence d'un enseignement politique si peu
d'accord avec la théorie de despotisme oriental au dedans, de droit, de convenances au dehors, que prati-

quait Louis XIV et qu'il a si naïvement exposée dans
ses curieuses *Instructions pour le dauphin*. Fénelon,
d'ailleurs, ne se contentait pas de préparer l'avenir;
il cherchait à influer sur le présent. Interrogé souvent
par les conseillers du roi, il « répondait selon sa conscience, dit-il lui-même, aux choses dont on lui parlait. » Par toutes les voies qu'il croyait sûres, il faisait
parvenir à l'orgueilleux monarque le cri des peuples
et de la vérité. Il lui adressait, sous le voile de l'ano-
nyme, cette lettre célèbre qui rappelle les plus terribles protestations des Grégoire VII et des Innocent III
contre la tyrannie de leur temps : « Depuis environ
trente ans, vos principaux ministres ont ébranlé et
renversé toutes les anciennes maximes de l'État,
pour faire monter jusqu'au comble votre autorité
qui était devenue la leur, parce qu'elle était dans
leurs mains. On n'a plus parlé de l'état ni des
règles, on n'a parlé que du roi et de son bon
plaisir.

On a poussé vos revenus et vos dépenses à l'infini.
On vous a élevé jusqu'au ciel pour avoir effacé, disait-
on, tous vos prédécesseurs, afin d'introduire à la
cour un luxe monstrueux et incurable. Ils ont voulu
vous élever sur les ruines de toutes les conditions de
l'État; comme si vous pouviez être grand en ruinant
vos sujets sur qui votre grandeur est fondée... Vous
êtes scrupuleux sur des bagatelles, et endurci sur des
maux terribles, vous n'aimez que votre gloire et votre
commodité. Vous rapportez tout à vous, comme si
vous étiez le Dieu de la terre, et que tout le reste
n'eût été créé que pour être sacrifié. C'est, au contraire, vous que Dieu n'a mis au monde que pour

7

votre peuple ; mais, hélas! vous ne comprenez point ces vérités; comment les goûteriez-vous? » Il écrivait à madame de Maintenon, en songeant sans doute un peu à lui-même : « Comme le roi se conduit bien moins par des maximes suivies que par l'impression des gens qui l'environnent, et auxquels il confie son autorité, l'essentiel est de ne perdre aucune occasion pour l'obséder par des gens vertueux qui agissent de concert avec vous, pour lui faire accomplir dans leur vraie étendue, ses devoirs, dont il n'a aucune idée..... Le grand point est de l'assiéger puisqu'il veut l'être, de le gouverner puisqu'il veut être gouverné. Son salut consiste à être assiégé par des gens droits et sans intérêt. Vous deviez donc mettre toute votre application à lui donner des vues de paix, et surtout du soulagement des peuples, de modération, d'équité, de défiance à l'égard des conseils durs et violents, d'horreur pour les actes d'autorité arbitraire, enfin d'amour pour l'Église, et d'application à lui chercher de saints pasteurs. » En admettant qu'aucune indiscrétion n'ait été commise par ceux qui étaient dans la confidence de Fénelon, comment Louis XIV n'eût-il pas démêlé, dans l'attitude même de l'homme qui s'exprimait ainsi, quelque chose d'un jugement si sévère? Ce qui est certain, c'est que cinq années s'écoulèrent durant lesquelles Fénelon n'obtint aucune récompense d'aucune sorte. En 1694 seulement, après que l'Académie l'eut appelé dans son sein à la place de Pellisson, écrivain élégant et fleuri dont il était le successeur naturel, et en comptant parmi ses premiers titres la glorieuse éducation du duc de Bourgogne, il reçut l'abbaye de Saint-Valery, pour qu'il

ne fût pas dit que ses services n'étaient oubliés que là
où il y avait le plus d'obligation et de moyen de les
reconnaître.

Il fut promu l'année suivante à l'archevêché de
Cambrai, auquel se rattachaient avec un revenu considérable, la juridiction sur cinq siéges importants,
une part dans le gouvernement de Cambrésis, le titre
de duc et celui de prince du Saint-Empire. Les pré-
ventions du roi étaient-elles donc vaincues? Bien au
contraire, il avait voulu, en satisfaisant l'opinion publique, satisfaire aussi ses répugnances personnelles
et écarter honorablement Fénelon de la cour, où sa
présence lui devenait de plus en plus importune, du
jeune duc trop dévoué à son maître, et arrivé à l'âge
de trop profiter à un enseignement jugé dangereux.
Avec d'autres intentions, Louis XIV eût assuré à Fénelon le siége de Paris, où le poussaient ses protec-
teurs, et qu'allait rendre vacant la mort imminente
de M. de Harlay. Malgré les bienveillantes paroles de
Louis XIV, qui avait répondu au nouveau prélat lui al-
léguant avec douleur l'obligation de renoncer à ses premières fonctions : « Non, non; les canons ne vous imposent que neuf mois de résidence : vous donnerez
trois mois à mes petits-fils, et vous surveillerez de
Cambrai leur éducation comme si vous étiez à Versailles. » Cette apparente faveur était au fond une
sentence d'exil, un commencement de disgrâce. Ainsi
en jugèrent les amis de Fénelon. « Cambray, dit
Saint-Simon, fut un coup de foudre pour tout le petit
troupeau..., leur douleur fut profonde sur ce que le
reste du monde prit pour une fortune éclatante, et la
comtesse de Guiches en fut outrée jusqu'à n'en pou-

voir cacher ses larmes. » Cinq mois après, M. de Harlay mourut et personne n'osa parler de donner sa succession à l'archevêque de Cambrai. Louis XIV s'était expliqué ; après une conversation avec Fénelon, il avait dit qu'il venait d'entretenir le plus bel esprit, mais le plus chimérique de son royaume. (Voy. Voltaire, siècle de Louis XIV.) La disgrâce fut bientôt complète. Dans cette belle et touchante nature de Fénelon, le politique hardi comme tant de libres-penseurs du moyen âge, le diplomate délié comme Xavier ou saint François de Sales, était doublé d'un mystique emporté vers Dieu par la même charité qui le faisait novateur, et exercé à l'art du monde par l'étude et la culture des délicatesses intérieures des âmes. C'est ce mysticisme qui fournit au roi l'occasion de le perdre.

En son traité : *De reductione artium ad theologiam* (éd. 1609, opp., t. VI, p. 2), saint Bonaventure expose ainsi le triple objet de la philosophie chrétienne : « Toute l'Écriture sainte nous enseigne ces trois choses : l'éternelle génération et l'incarnation du Christ, la règle de la vie, et l'union de l'âme avec Dieu. Le premier point regarde la foi, le second la morale et le troisième la fin de l'une et l'autre. Le premier doit occuper les docteurs, le second les prédicateurs, le troisième les contemplatifs. » Dans le siècle de Louis XIV, comme dans toutes les grandes époques du christianisme, ces différentes directions eurent chacune leur représentant éminent. Bossuet fut le docteur, Bourdaloue le prédicateur, Fénelon le contemplatif. Son âme tendre et déjà rêveuse, son imagination délicate et subtile avaient tourné d'elles-mêmes, dans la pratique et la science du christianisme,

aux sentiers de l'esprit, de la vie en Dieu, de la dévotion effective. Tout ensuite avait contribué à accroître
chez Fénelon cette disposition native et à la rendre
dominante; dès les premiers temps, la lecture assi-
due des mystiques canonisés, et surtout de Saint-
François de Sales; le célibat et l'austérité ecclésiastique, en fermant à sa sensibilité les épanchements
de la vie séculière, la supériorité des nouvelles catholiques en plaçant sous sa direction de tous les jours,
durant dix années, un sexe sur lequel la religion
n'agit que par la spiritualité; le combat intérieur qu'il
soutenait contre sa propre vanité; peut être même, si
j'ose le dire, parmi tant de femmes brillantes dont
plusieurs, comme la comtesse de Grammont, lui
furent si affectionnées, peut être quelque tentation
d'amour profane (à quoi font penser certaines peintures du *Télémaque* que Bossuet jugeait *indignes d'un
prêtre*), en le forçant à chercher des ressources pour la
lutte, dans les raffinements de l'amour suprême.
Ainsi préparé, Fénelon rencontra chez madame de
Maintenon, et à l'hôtel Beauvilliers, une personne
déjà célèbre qu'avait produite la duchesse de Béthune :
c'était madame Guyon ; veuve à 28 ans, avec trois enfants, noble, riche par sa naissance et par son ma-
riage, d'une grande beauté, d'une imagination bril-
lante et d'un charme infini de paroles, elle avait
abandonné monde, fortune, famille, pour se vouer
tout entière à la pratique et à l'apostolat d'un doux
ascétisme émané aussi en partie des écrits de saint
François de Sales, et mêlé d'extases, de visions, de
prophéties. Après six années de missions errantes en
Dauphiné et en Piémont, elle s'était fixée à Paris

en 1687. Molinos venait d'être condamné à Rome,
M. de Harlay impliqua madame Guyon dans la nouvelle hérésie qui faisait quelques progrès en France ;
mais huit mois d'examen détruisirent l'accusation et
madame Guyon sortit du monastère où on l'avait re-
léguée lavée de tout soupçon, avec de puissants patro-
nages et l'attrait que la persécution ajoute à tout ce
qu'elle n'abat pas. C'est alors que Fénelon la vit pour
la première fois ; il l'interrogea ; il étudia ses livres,
qui renferment de si belles pages ; et, dans sa bouche
comme dans ses écrits, il reconnut, sous les emporte-
ments de l'expression communs à tous les mystiques,
et plus excusables encore chez une femme, les idées,
les sentiments dont il était pénétré, c'est-à-dire le pur
amour divin, pour Dieu lui-même et sans mélange
d'aucun motif intéressé, l'abandon absolu de l'âme à
la volonté suprême. En un temps où la peur de l'enfer
devenait de plus en plus le mobile principal d'une dévotion surtout extérieure, les deux disciples de saint
François de Sales s'unirent pour le perfectionnement
de la piété et des voies intérieures. Fénelon encoura-
gea dans leur prédilection croissante pour madame
Guyon la société de l'hôtel Beauvilliers et madame de
Maintenon. Avec son intervention, cette sainte femme
fut admise à répandre ses doctrines à Saint-Cyr, où
elle était vivement désirée, et où Fénelon était chargé
de la direction de quelques âmes. Mais un théologien
austère, l'évêque de Chartres, dont la juridiction em-
brassait Saint-Cyr, crut, lui aussi, trouver de notables
ressemblances entre ces doctrines et celles de Molinos. Il s'alarma, il alarma la conscience de Mme de
Maintenon, qu'il dirigeait. Mme Guyon et ses livres

furent écartés de Saint-Cyr. Les anciennes défiances se réveillèrent de tous côtés; Mme Guyon provoqua une nouvelle enquête, et tous ses juges se montrèrent hostiles. La situation de Fénelon était bien difficile; il ne pouvait abandonner celle qu'il appelait *son amie* sans manquer à sa conscience et se déshonorer; il ne pouvait la justifier sans se perdre avec elle.

Il tourna quelque temps entre ces deux périls avec une grande habileté; il ne réussit pourtant en définitive, ni à sauver Mme Guyon, ni à garder pour lui-même la position qu'il s'était ménagée.

Bossuet s'était montré l'un des adversaires les plus décidés de Mme Guyon. Il écrivit *son Instruction sur les états d'oraison*, la remplit des plus graves imputations contre la malheureuse prisonnière, et demanda à Fénelon, qui venait d'être nommé archevêque, d'y joindre son approbation à celle de MM. de Paris et de Chartres. Fénelon, convaincu « qu'on voulait lui arracher une rétractation sous un titre spécieux, » refusa au nom de l'honneur de son ministère, au nom de sa conscience, au nom de la charité. Il s'efforça d'expliquer son refus à MM. de Paris et de Chartres, et à Mme de Maintenon, qui l'approuvèrent, à Bossuet qui s'indigna et traita dès lors Fénelon en ennemi. Il comprit en même temps que, dans une telle situation, il ne pouvait échapper à la nécessité de rendre compte au public de sa véritable doctrine. C'était d'ailleurs l'avis de ceux qui avaient admis la convenance de son refus. Il écrivit l'explication *des Maximes des saints sur les voies intérieures*. Il soumit son manuscrit à l'archevêque de Paris, à M. Tronson, à M. Pirot, docteur de Sorbonne, notoirement hostile à Mme Guyon, ancien ami de Bossuet, et occupé alors à examiner l'ouvrage de ce prélat. Tous trois le jugèrent *correct et utile*. Le livre parut en 1697, avant l'*Instruction* de l'évêque de Meaux, et le jour de la fête de saint François de Sales, dont il expliquait les principes. Bossuet, aussitôt qu'il en eut pris connaissance, courut se jeter aux pieds du roi, et lui demanda « pardon de ne lui avoir pas révélé plus tôt le fanatisme de son confrère. »

Ne parlons pas à propos d'un tel homme, d'une misérable jalousie prenant sa source dans les talents de Fénelon, ou dans les prérogatives qu'il devait à sa naissance, ou dans l'éminente dignité ecclésiastique à laquelle il venait de monter. Bossuet était sincère; les principes qu'il avait cru reconnaître dans les *Maximes des saints*, après les avoir pressentis avec angoisses dans les mémoires et la conduite de l'auteur, c'étaient les fondements du quiétisme. Or, en admettant pour les âmes une passivité perpétuelle sous la main de Dieu, d'où l'impeccabilité subversive de la doctrine du péché originel, en opposant à l'autorité reconnue dans l'Église un état prophétique qui ouvrait la porte à toutes les variétés d'opinion; en excluant d'une manière permanente de la contemplation parfaite, déclarée fort commune et fort aisée, l'enfer, le paradis, le désir du salut, l'effort et la pensée de la vertu, les demandes, les réflexions, la distinction en Dieu des attributs et des personnes, le Verbe incarné, sauveur et médiateur, le quiétisme lui paraissait à bon droit aller à la ruine totale du christianisme pratique et dogmatique. Représentons-nous au milieu de son temps cet homme admirable. Si

Fénelon voit se former l'orage qui menace le trône, Bossuet, lui, voit se former l'orage qui menace le temple. Le XVIIᵉ siècle est un grand prélude à la formidable insurrection d'idées du siècle suivant ; nul n'en a conscience autant que Bossuet, bien qu'aveugle en ce qui le concerne, il serve de plus d'une manière le mouvement qui l'épouvante. Que d'autres s'endorment dans une trompeuse sécurité, lui il veille ; car, « il voit se préparer un grand combat contre l'Église, sous le nom de philosophie cartésienne, et s'introduire une liberté de juger qui fait que, sans égard pour la tradition, on avance témérairement tout ce que l'on pense. » (*Lettres* 1687.)

Partout, il a reconnu avec terreur cet esprit nouveau, dans Arnaud, dans Malebranche, dans Richard Simon, dans les jésuites du Japon et de la Chine, dans les poëtes mêmes : Molière, Corneille, Racine, Boileau ; dans la chaire qui abandonne le dogme pour la morale, dans l'opinion publique inclinant de plus en plus au déisme et à l'indifférence des religions, etc. Et voilà qu'il en retrouve l'analogue dans le plus cher de ses disciples, dans l'enfant de ses entrailles spirituelles : *Tu quoque, fili mi?* Comment pourrait-il se taire ? C'est un précepteur des enfants de France, un archevêque à l'élévation duquel il a aidé ; c'est un génie incomparable d'adresse et de séduction qui apporte à l'ennemi l'autorité de sa charge et de sa gloire, les ressources de son esprit ! et il s'agit d'une sorte de panthéisme qui tend, sans le savoir, aux mêmes conséquences que celui de Spinoza ; d'une doctrine subtile, déguisée, pleine d'apparences trompeuses et d'évasions, qui, contre la foi, les transports de la piété, contre l'Église, la tradition des saints, pousse insensiblement les âmes que n'a pas atteintes l'hérésie rationaliste au même but que cette hérésie, libre penser, oubli de la rédemption, déisme, indifférence!

Bossuet était sincère; mais on peut se demander s'il n'était pas abusé. Les études de toute sa vie, la trempe de son génie si pratique, l'habitude théologique et cartésienne, quoi qu'il en eût, de tout prendre en rigueur, d'imposer à tout principe ses extrêmes conséquences, la continuelle préoccupation du péril, le disposaient mal, ce semble, à juger les poétiques hardiesses du langage et de l'état contemplatifs. Voyez comme il parle des mystiques dans l'*Instruction sur l'oraison*, et comme en parle dans l'*Histoire ecclesiastique* qu'il a inspirée, son disciple Fleury. Il avait conservé malgré l'esprit le plus ingénieux, une nature plébéienne et simple, de celles à qui la finesse diplomatique paraît aisément tromperie, et il avait dû calomnier sans le savoir l'habileté déployée par Fénelon. Il était difficile enfin, qu'accoutumé à exercer sur tous et particulièrement sur Fénelon, la *dictature de l'épiscopat et de la doctrine*, dont parle Saint-Simon, il ne fût pas entraîné à voir une révolte contre lui.

Je conçois cette explication, et je suis prêt à l'adopter quand je songe aux protestations de Fénelon, quand je compare aux expressions incriminées dans les *Maximes* les expressions plus fortes encore de tant de mystiques honorés dans l'Église, et surtout de sainte Thérèse; n'y a-t-il pas cependant à signaler, pour la justification du sentiment de Bossuet, plus d'un rapport entre la doctrine générale de Fénelon et les tendances du quiétisme? La vie dévote, telle qu'il

l'enseigne notamment dans ses précieuses *Lettres spi-*
rituelles, n'est-elle pas trop pour lui, adoration, contemplation, renoncement à l'esprit, cessation de l'âme ?
Donne-t-il toute la place qui leur revient, dans un
christianisme rigoureux, à ces dogmes fondamentaux
du péché originel, de la Trinité, de l'Incarnation et
de la Rédemption ? Affectent-ils autant qu'il est nécessaire au point de vue catholique, sa pensée tout entière ? Au lieu d'y voir les bases mêmes de la religion
et la source de ses lumières, n'en fait-il pas l'acces-
soire, n'y voit-il pas toujours et seulement, selon les
termes d'un de ses entretiens avec Ramsay : « des
ombres qui humilient la raison, des mystères qui
nous choquent, un obscur incompréhensible qui nous
est imposé, afin que nous immolions nos idées, afin
que l'homme tout entier disparaisse et s'évanouisse
devant l'Être suprême ? » Est-il assez pénétré surtout
de l'idée de la chute et de ses conséquences avant
comme après la venue ? Son Dieu n'est-il pas d'ordinaire celui d'un sage nourri des simples maximes de
l'Évangile, plutôt que celui des docteurs ? Et quand
il va au delà de cette notion élémentaire, n'incline-
t-il pas à la consubstantialité universelle, comme
dans ce passage de l'*Existence de Dieu* : « Il n'y a que
l'unité ; elle seule est tout, et après elle il n'y a plus
rien ; tout le reste paraît exister. » Il serait facile de
multiplier ces questions.

Un penseur catholique de notre temps a pu écrire
de Fénelon : « Il sait prier mais non instruire. C'est
un philosophe presque divin, et un théologien presque ignorant. »

Fondée ou non, la dénonciation fut accueillie. Spon-

tanément ou par crainte, un peu plus tôt ou un peu
plus tard, presque toute la Cour suivit Bossuet,
appuyé par Louis XIV. Mme de Maintenon, la première, fit défection, Fénelon resta seul avec quelques
amis menacés comme lui pour lutter contre le plus
formidable soulèvement qu'on eût jamais vu. Il demanda au roi de soumettre son livre à Rome;
Louis XIV n'osa refuser; mais quand il voulut aller
l'expliquer lui-même, il reçut l'ordre de se rendre
dans son diocèse, avec défense d'en sortir (1697); et
sa condamnation fut aussitôt sollicitée du Pape, par
une lettre autographe de Louis XIV, qu'avait rédi-
gée Bossuet. Fénelon envoya à Rome, son parent
le vertueux abbé de Chanterac. M. de Meaux char-
gea de sa cause l'abbé Bossuet son neveu, et l'abbé
Phélippeaux, qui se trouvait alors en Italie. Innocent XII voulut étouffer la querelle; Louis XIV
insista, et l'enquête commença. Elle dura du mois
de septembre 1697 au mois de mars 1699, malgré la
fréquente intervention du roi pour presser la décision,
malgré les odieuses intrigues des agens de Bossuet.
Pendant ce temps se poursuivit entre les deux rivaux,
au grand dommage de la foi, la mémorable polémique
que Bossuet eut le tort d'engager, et de pousser jusqu'à l'extrême violence, jusqu'à se faire l'écho de
ceux qui parlaient de Montan et de Priscille, d'Héloïse
et d'Abélard. L'attention publique se porta tout entière sur cette lutte; Fénelon surtout fut admirable;
nulle part ailleurs, il n'a déployé à un tel degré cet
art, cette force, cette netteté, cette verve triomphante.

A chaque écrit nouveau de ce formidable adversaire,
Bossuet voyait s'échapper de ses mains, en France

et à Rome, l'opinion qu'il tyrannissait. « Nous sommes
arrivés, s'écriait-il avec désespoir, à ces temps de ten-
tations où les cabales, les factions se remuent, où les
passions, les intérêts partagent le monde, où de grands
corps, de grandes puissances s'émeuvent, où l'éloquence éblouit les simples, la dialectique leur tend
des lacets, une métaphysique outrée les jette dans
des pays inconnus; plusieurs ne sachant plus ce qu'ils
croient, et tenant tout dans l'indifférence, sans entendre, sans discerner, prenant parti par humeur.
J'ai affaire à un homme enflé de cette fine éloquence,
qui a des couleurs pour tout, à qui même les mau-
vaises causes sont meilleures que les bonnes. J'avertis
sérieusement les chrétiens de se donner de garde d'un
orateur, qui, semblable aux rhéteurs de la Grèce,
entreprend de prouver et de nier tout ce qu'il veut,
qui peut faire des procès sur tout, et vous ôter tout
à coup, avec une souplesse inconcevable, la vérité
qu'il aura mise devant vos yeux. Le monde n'a jamais
vu d'exemple d'une illusion et d'un jeu de cette nature.
Voilà les piéges les plus fins qu'on ait jamais tendus
aux âmes... C'est de l'éblouissement, de l'enchantement... Ah! je ne lui conteste pas l'esprit, il en a à
faire peur. » Ces paroles sont l'excuse de Bossuet pour
ce qui va suivre. En toute sincérité, il vit du diable
dans tant de prestiges et dans les effets qu'ils produi-
saient; et il essaya de faire fermer d'autorité la bouche
à Fénelon, et il admit de tristes soupçons que de
sang-froid il eût repoussés avec indignation, et il
donna carrière au zèle atroce de son neveu, qui appelait Fénelon *bête féroce*; et il demanda des armes à la
haine de Louis XIV, contre les hésitations de la Cour

de Rome. Après une enquête de quinze mois, les examinateurs s'étaient partagés, cinq contre cinq pour; mais ces derniers, les principaux théologiens du Vatican. Selon les règles inviolables du saint Office, Fénelon était absous par le fait, Louis XIV somma le pape de rappeler à la congrégation des cardinaux. Innocent XII déféra à cet ordre; mais la congrégation ne se hâtait pas. Soixante docteurs de Sorbonne eurent ordre de publier une censure des *Maximes des saints;* un courrier extraordinaire la porta à Rome avec une lettre pour le pape, où Louis XIV réitérait ses instances sur un ton plus pressant. En même temps, Fénelon, dont les parents et les amis avaient déjà été renvoyés de la Cour, fut dépouillé de sa pension et de son titre de précepteur. La congrégation redoubla d'activité, et vingt-trois propositions furent déclarées répréhensibles. Le pape recommanda, de la manière la plus pressante, la douceur et les ménagements dans la rédaction du décret. On s'arrêta à une simple prohibition du livre. Louis XIV écrivit, sous la dictée de Bossuet, un mémoire où se trouvaient ces paroles: « Si Sa Sainteté prolonge cette affaire par des ménagements qu'on ne comprend pas, le roi saura ce qu'il aura à faire. Il espère que le pape ne voudra pas le réduire à de si fâcheuses extrémités. » Le pressentiment de cette dernière violence avait déjà fait rejeter le projet quand arriva le mémoire. Un bref portant *condamnation et réprobation* fut envoyé en France. Bossuet et Louis XIV voulurent bien s'en contenter, quoiqu'il ne portât ni les qualifications ordinaires d'*hérétique et d'approchant de l'hérésie*, ni la clause habituelle qui condamne au feu les livres censurés.

Fénelon, qui avait protesté dans tout le cours du débat d'une docilité sans réserve, fit un mandement d'une soumission *intime, entière et absolue,* qui régla jusqu'au bout sa conduite, Bossuet y trouva *beaucoup de sécheresse et une obéissance pompeusement étalée;* il songea même un instant à recommencer sa polémique; mais l'applaudissement universel de la France, de Rome, de toute l'Europe catholique, coupa court à de nouveaux scandales. Dans les assemblées métropolitaines, convoquées pour l'acceptation du bref, le nom de l'archevêque ne fut, en général, prononcé qu'avec respect; dans l'assemblée du clergé tenue en 1700, Bossuet parla enfin comme tout le monde. Telle fut la différence des temps qu'à la séance du parlement où fut enregistré le bref, d'Aguesseau, alors chancelier, se crut, à ce qu'il nous apprend lui-même, d'autant plus obligé à louer Fénelon, que celui qu'on venait de flétrir par une censure rigoureuse pouvait un jour revenir à la Cour pour y jouer le premier rôle. »

Louis XIV, cependant, n'avait pas pardonné; loin de là, sa colère était au comble, et il ne manqua pas de trouver dans le réquisitoire *des expressions trop flatteuses* pour l'archevêque de Cambrai.

A ses yeux, le mysticisme de Fénelon, outre le tort d'avoir compromis dans le royaume l'unité de foi et la paix religieuse, avait vraisemblablement celui d'avoir formé un parti autour d'un homme qu'il n'aimait pas. Peut-être même adopta-t-il l'opinion de ceux qui en parlaient comme d'une entreprise concertée pour surprendre un jour le pouvoir. »

« Est-il vrai, dit encore d'Aguesseau, que, voyant

le roi se tourner entièrement du côté de la religion, les personnes les plus puissantes à la Cour se conformer, au moins en apparence, au goût du souverain, et la dévotion devenir l'instrument de la fortune, il ait eu la pensée de joindre la politique à la mysticité, et de former par les secrets d'un langage mystérieux une puissante cabale, à la tête de laquelle il serait toujours par l'élévation et l'insinuation de son esprit, pour tenir dans sa main les ressorts de la conscience et devenir le premier mobile de la Cour, où dès le vivant du roi même, ou du moins après sa mort, par le crédit du duc de Bourgogne, qui avait un goût infini pour lui? C'est le jugement que bien des gens en ont porté, et qu'il faut remettre au souverain scrutateur de l'esprit et du cœur humain. »

Remarquons-le d'ailleurs, si Bossuet, employant de tels moyens, et dictant de telles menaces au prince pour faire prévaloir la vérité dans les conseils du Vatican, avait dit clairement sa pensée sur l'infaillibilité pontificale, Fénelon, ne voulant pas d'autre juge que Rome, et résistant avec opiniâtreté jusqu'à ce qu'elle eût prononcé, avait dit non moins clairement la sienne sur le gouvernement d'évêques, présidé par le roi, auquel tenait tant Louis XIV, sans avoir toute l'audace de sa passion. Dans cette seule manifestation, il y avait de quoi rendre irréconciliable une haine déjà si vive. Mais par surcroît, et comme pour montrer à Louis XIV tout le fondement de ses despotiques rancunes, à la France et à l'Europe, le véritable sens de la disgrâce de Fénelon, le *Télémaque* avait été publié. Ce beau poëme, écrit pour le duc de Bourgogne, mais qui n'avait pas encore été

mis sous ses yeux, était sorti des mains de l'auteur,
par l'infidélité d'un copiste, au plus fort de la controverse quiétiste.

La police de Louis XIV en avait arrêté l'impression
en France, mais sans pouvoir atteindre le manuscrit.
Plusieurs éditions avaient paru aussitôt après en Hollande, et circulaient par toute l'Europe. Au milieu
des cruelles souffrances amenées par la guerre universelle, que venait de terminer le traité de Rysvick, et
exposées en tableaux si douloureux dans les écrits de
Boisguilbert et de Vauban, on dévorait ce livre immortel où une poésie, souriante du sourire ineffable de
celle d'Homère dont elle est issue, insinuait avec tant
de charmes des pensers si conformes aux besoins et
aux vœux publics. Mais les peuples n'y trouvaient
pas seulement l'idéal politique auquel les attachait
de plus en plus leur détresse ; ils se plaisaient à y
reconnaître ce dont Fénelon s'est défendu jusqu'à la
mort, les portraits satiriques de Louvois, sous le nom
de Protésilas ; du roi lui-même, sous ceux de Sésos-
tris et d'Idoménée. Louis XIV en crut en ceci la mali-
gnité de ses ennemis et de ceux de l'exilé, empressés
les uns et les autres à abuser, dans le sens de leur
passion, de quelques-uns de ces traits que la réalité
vivante communique toujours aux créations du génie.
Il témoigna la plus profonde indignation : on n'osa
plus prononcer devant lui le nom de Fénelon.

La sainte victime, dont les disciples, comme autrefois ceux de saint François d'Assise, comparaient
la résignation à celle du Christ lui-même, s'appliquait, pour le perfectionnement de son âme, à
entrer *dans les desseins crucifiants de la Providence*, à

8

recevoir l'épreuve comme la pénitence et l'exercice de
mort à soi-même qui mène à la vertu, à ne pas perdre
une goutte du calice de régénération qui lui était pré-
senté. C'est l'un des grands préceptes des *Lettres spi-*
rituelles, et sous les variétés d'expressions qui l'ap-
proprient, selon le caractère de cette riche correspondance, à chaque variété de personne ou de souffrance,
on y reconnaît toujours la traduction émue de l'effort
personnel de l'auteur, l'écho attendrissant de sa vie
intérieure. Il pratiquait avec délices l'oraison tant re-
commandée par lui, « celle qui ressemble à une société
simple, familière et tendre avec Dieu, ou qui, pour
mieux dire, est cette société même, celle qui n'est plus
un entretien de cérémonie, mais une conversation libre avec un père compatissant, dans le sein duquel
l'enfant se console. » Il cherchait d'autres consola-
tions dans ses chères études de poésie et de littérature,
qu'il n'abandonna jamais, dans l'amitié, dans la nature, « dont l'attrait toujours si puissant, a dit l'auteur des *Affaires de Rome,* en d'assez semblables épreu-
ves, le devient davantage encore quand on a vu de
près les passions des hommes. » Si nul, peut-être, ne
sut mieux inspirer l'amitié, nul aussi n'y porta plus
de tendresse, et n'y trouva plus de vives jouissances.
Pour lui emprunter une expression, qui, à elle seule,
est un témoignage, entre lui et les siens, il y eut jusqu'à la mort « flux et reflux de cœur sans réserve. »

De tous les traits de ce genre, semés dans sa correspondance, on ferait un chapitre qui vaudrait vingt
traités, comme ceux de Cicéron, et rivaliserait avec le
chapitre du cœur de la Bruyère. La nature, c'est un
des signes distinctifs de Fénelon de l'avoir sentie,

adorée, proclamée en face des pompes de Versailles,
après La Fontaine, il est vrai et moins naïvement,
mais religieusement, ouvrant le chemin à Rousseau
et à Bernardin de Saint-Pierre. Le spectacle des beautés de la création est une de ses plus chères démonstrations de la Providence; leur culte fait partie de sa
foi, leur peinture de l'hymne incessant qui monte de
son œuvre vers le maître invisible. Il tire de cette
source, comme François de Sales, quoi qu'avec plus
de discrétion, toutes ses images, toute sa poésie. Il se
plaît à entourer les leçons de sa sagesse de descrip-
tions champêtres, cadre habituel, en effet, des idées
nouvelles nées du goût de la civilisation régnante.
C'est bien lui qui est le Virgile de ce nouveau siècle
d'Auguste si semblable, à d'autres égards, à celui que
Rome surprise nomma la Vierge, au poète inspiré
que la religion, alors naissante, devait placer, entre
ses prophètes; il est venu aussi, comme le chantre des
Géorgiques, rappeler une époque de corruption élé-
gante, de guerres insensées et de croissante anarchie
morale, aux travaux pacifiques et aux mœurs simples
de l'agriculture, aux pieuses inspirations de l'harmonie universelle. Pour remplir la même mission, il a
reçu, au même degré que son devancier, la faculté de
sentir « ces merveilleux paysages que la vue, dit-il,
découvre à la pensée; » et à son école, il s'est formé
à l'art de les peindre.

Il y avait d'ailleurs des diversions souveraines à
l'abattement intérieur dans une administration aussi
importante et aussi vaste que celle du diocèse de Cambrai. La seconde partie du *sermon pour le sacre de l'é-
lecteur de Cologne*, montre quelles idées augustes se

faisait Fénelon des devoirs de l'épiscopat; les ennemis mêmes de Fénelon attestent combien il fut fidèle
à ce programme vraiment sublime, et quel exemple
apostolique il donna pendant seize années aux prélats
de son temps, si mal disposés pour la plupart à en
profiter. Participation infatigable à tous les travaux
de son clergé, comme d'un vrai général aux fatigues,
aux périls de ses soldats; visites assidues des pauvres
et des malades, prédications fréquentes dans la plus
humble église de village, aussi bien que dans la ca-
thédrale; instructions familières, catéchisme aux petits enfants, tournées pastorales régulières; nulle
hauteur, accès facile ouvert à tous et presque à toute
heure; les revenus épiscopaux administrés comme le
bien des pauvres; l'aumône faite, non pas en *dépen-
sant beaucoup*, selon la maxime de Louis XIV, mais en
multipliant les institutions utiles et charitables et les
dons particuliers avec une telle munificence, qu'à sa
mort Fénelon laissait à peine de quoi suffire à ses funérailles. Qui ne connaît cet admirable tableau déjà
tant de fois tracé, et l'enthousiasme qu'il inspirait aux
peuples, et l'empressement avec lequel d'illustres
étrangers accouraient pour en jouir de toutes les parties de l'Europe?

Rien cependant ne put réconcilier Fénelon avec sa
disgrâce; son diocèse lui fut toujours un exil amer, un
lieu d'épreuve et de souffrances; ce sentiment éclate
à chaque ligne dans sa correspondance; il regrettait
cette cour incomparable que Racine et Vauban ne purent quitter sans mourir; il regrettait surtout la sainte
éducation qu'on lui avait arrachée, et le rôle politique
qui lui était échappé. Mais il espérait encore, il espéra

toujours. Le duc de Bourgogne, qui l'avait noblement
défendu, n'avait pas oublié ses maximes et lui restait
fidèle. Il était à l'âge de prendre une importance
qu'accroîtrait encore la nullité de son père. Le roi,
qui d'ailleurs vieillissait, pouvait s'éclairer avec le
temps et sous l'influence du jeune prince, combinée
avec celle de ses amis. Si madame de Maintenon et
tant d'autres s'efforçaient d'égaler leur haine à leur
bienveillance passée, les Chevreuse, les Beauvilliers,
quelques autres seigneurs conservaient à l'illustre
exilé et aux principes pour lesquels il souffrait un at-
tachement inaltérable. Bien des fois menacés, les ducs
de Chevreuse et de Beauvilliers avaient sauvé leur
position politique par l'habilité courageuse de leur
attitude et l'admiration que leurs vertus inspiraient
à Louis XIV. Beauvilliers restait toujours en qualité
de gouverneur auprès de son élève, sur lequel il pouvait tout, en qualité de chef du Conseil des finances
et de ministre d'Etat, auprès du roi, refroidi mais encore confiant. La société des jésuites, dont quelques
membres seulement s'étaient déclarés contre Fénelon,
se disait prête à mettre au service de son rétablisse-
ment les ressources de l'immense crédit qu'elle s'était
acquise. Fénelon cultivait discrètement ces espérances d'une fortune meilleure, et en l'attendant, il s'ef-
forçait de tirer des instruments demeurés sous sa
main tout le parti qui était encore possible pour l'intérêt de l'Etat. Du fond de sa retraite, il continua à
agir sur le duc de Bourgogne par Beauvilliers, à qui
il écrivait entre autres instructions : « Dites-lui les
vérités qu'on voudra que vous lui disiez; mais dites-
les lui courtement, doucement, avec respect et avec

tendresse. C'est une Providence que son cœur ne se
tourne point vers ceux qui auraient tâché d'y trouver
de quoi vous perdre, qu'il ne vous échappe pas, au
nom de Dieu ! »

Par le duc de Bourgogne, Beauvilliers, Chevreuse,
les jésuites confesseurs du roi, sa pensée intervint
dans les conseils de la couronne; sous son inspiration,
Beauvilliers se prononça selon le patriotisme et la
sagesse dans la mémorable délibération de la succession d'Espagne. Il opta, contre le testament de Char-
les II, qui donnait. au prix d'une guerre universelle
et aux dépens de la France épuisée, une couronne
nouvelle à la famille royale, par le traité de partage
qui rattachait à la France, presque sans coup férir,
ses dépendances naturelles de Lorraine et de Bar.

Quand Louis XIV se fut décidé du côté où l'entraî-
nait l'orgueil dynastique (fortifié, du reste, je le sais,
par de graves considérations), Fénelon lui adressa,
par l'intermédiaire et sous le nom de Beauvilliers,
des conseils dictés par la plus exacte intelligence des
choses et des hommes. Respecter l'indépendance et la
susceptibilité nationale des Espagnols; convaincre
l'Europe que la France n'avait aucune vue d'agran-
dissement; entretenir soigneusement les dispositions
de neutralité de l'Angleterre, de la Hollande, des
princes d'Allemagne, et diriger tous ses efforts en
Italie contre l'Empereur; ne faire aucun fond sur le
duc de Savoie; et pour le commandement des troupes, compter principalement sur Catinat, écarter Vil-
leroy, ne se servir de Vendôme qu'avec défiance,
voilà ce que recommandait Fénelon dans deux mémoires écrits en 1701 et 1702 qui suffiraient seuls pour

montrer combien, quelque préoccupé qu'il fût des choses de la conscience, il était propre au maniement des
grandes affaires. Louis XIV suivit la marche opposée, et les événements jugèrent contre lui avec la plus
terrible sévérité, et la France roula pendant plusieurs
années dans tous les cercles de l'abîme. Placé sur le
théâtre même de la guerre, Fénelon eut sous les yeux
tout l'horrible spectacle de cette époque néfaste ; il
fut à portée de soulager bien des misères; il le fit avec
une incomparable générosité. Dans leur enthousiasme
pour sa personne, aussi encore par leur haine pour
Louis XIV, les généraux ennemis avaient scrupuleusement respecté les terres, les bourgs, les villages dé-
pendants de l'archevêché de Cambrai. Fénelon en fit
des asiles ouverts aux populations et aux armées. Les
richesses qui lui avaient été conservées fournirent à
la subsistance de tous les malheureux. Il livra ses
magasins aux ministres de la guerre et des finances ;
il leur offrit sa vaisselle d'argent et les autres objets
de son palais. Ce palais lui-même devint un hôpital
pour les malades et les blessés comme toutes les maisons de Cambrai. Fénelon allait partout, assistant
aux consultations des médecins, exhortant, pansant de
ses propres mains. En même temps, comme seigneur
du Cambrésis, il pourvoyait par de populaires ordon-
nances à l'approvisionnement et au bon marché des
denrées. Mais il ne terminait pas là sa tâche. Dans
son active correspondance avec des amis de Versailles, il multipliait, avec les tableaux éloquents de la
ruine imminente, les plans de salut et de restaura-
tion, et tout passait aussitôt dans les délibérations
du conseil. C'étaient des appels au sacrifice de l'or-

gueil pour obtenir la paix ; c'étaient surtout des exhortations à demander le concours du peuple : « Non-seulement il s'agit de finir la guerre au dehors, il s'agit encore de rendre au dedans du pain aux moribonds, de rétablir l'agriculture et le commerce, de réformer le luxe, de se ressouvenir de la forme du royaume, et de tempérer le despotisme, cause de tous nos maux. Tout le mal vient de ce que la guerre n'a été jusqu'ici que l'affaire du roi ; il faudrait en faire l'affaire véritable de tout le corps de la nation ; elle ne l'est que trop devenue, car le corps de la nation se voit dans un péril prochain d'être subjugué ; de ce côté-là, vous avez un intérêt clair et sensible à mettre devant les yeux de tous les français ; mais pour le faire il faut au moins leur parler et les mettre au fait. Tout périt si l'argent manque ; l'argent manquera si le crédit ne se relève, et le crédit ne peut se relever que par un changement de conduite qui mette toute la nation dans la persuasion que c'est à elle à soutenir la monarchie penchant à sa ruine, parce que le roi veut agir de concert avec elle... Je ne propose pas d'assembler les Etats-Généraux qui seraient très-nécessaires et qu'il serait capital de rétablir. Comme le pas à faire est très-glissant dans la conjoncture présente, j'y craindrais de la confusion. Je me bornerais donc à des notables... Le roi les consulterait, non-seulement pour en tirer des lumières, mais encore pour les rendre responsables du gouvernement, et faire sentir au royaume entier que les plus sages têtes qu'on peut y trouver ont part à ce qu'on fait pour la cause publique... »

Louis XIV parut un moment disposé à entrer dans

cette voie; il prépara même, pour la convocation de l'Assemblée, un discours dont la minute originale subsiste encore ; mais l'instinct politique reprit bientôt le dessus, et l'Assemblée ne fut pas réunie. Fénelon et ses amis ne trouvaient dans le duc de Bourgogne que des dédommagements par trop insuffisants à ces cruels mécomptes de leur généreuse sagesse. Le jeune prince, qui entretenait depuis 1701 une correspondance secrète avec son précepteur, se livrait, il est vrai, sans réserve aux bienfaisantes influences que repoussait Louis XIV. Il soumettait toute sa vie, toute son âme aux tendres corrections de ses instituteurs, appliqués incessamment à le perfectionner pour le monde et pour Dieu. Il se dépouillait chaque jour d'une erreur ou d'une faiblesse, il avait paru avec distinction à la tête des armées, et il sollicitait son grand-père de lui rendre un commandement, offrant d'aller sans suite, de vivre en simple officier, de manger, s'il le fallait, le pain du soldat, mais une puissante cabale s'était formée contre lui. Le dauphin la dirigeait lui-même par une odieuse jalousie contre son fils. Les ennemis de Fénelon et de Beauvilliers la servaient activement, empressés à diffamer, à persécuter les maîtres dans l'élève. Le roi, entièrement circonvenu d'abord, se dégageait avec peine de l'intrigue : presque toute la cour se montrait hostile ou prévenue. Au dehors, l'opinion s'égarait à la suite de la cour, le duc, intimidé et découragé, se conformait mal aux instructions pleines de sens que lui adressait Fénelon sur la conduite à tenir pour rompre ces honteuses trames. Cette dernière et si chère ressource, cet espoir cultivé avec tant de soin et d'amour, ce réparateur,

destiné « à sauver le trône de ses pères, » semblait en
voie de se perdre avec tout le reste.

Dans sa profonde douleur, Fénélon écrivait au
duc de Chevreuse : « Vous me direz que Dieu sou-
tiendra la France ; mais je vous demande où en est la
promesse ? Avez-vous quelque garant pour des miracles ? il vous en faut sans doute pour vous soutenir
comme en l'air. Les méritez-vous dans un temps où
votre ruine prochaine et totale ne peut vous corriger,
où vous êtes encore toujours prêt à vous flatter. Dieu
s'apaisera-t-il en vous voyant humilié sans humilité,
confondu par vos propres fautes sans oser les avouer,
et prêt à recommencer si vous pouviez respirer deux
ans ?... J'espère sans doute que Dieu sauvera la
France, parce que Dieu aura pitié de la maison de
Saint-Louis et que dans la conjoncture présente la
France est un grand appui de la catholicité. Mais,
après tout, ne nous flattons pas ; Dieu n'a besoin de
personne ; il saura bien soutenir son église sans ce
bras de chair. D'ailleurs, je vous avoue que je craindrais autant pour nous les succès que les adversités.
Eh ! quel moyen y aurait-il de nous souffrir si nous
sortions de cette guerre sans humiliation complète et
finale ? Qui est-ce qui pourrait nous corriger après
avoir été incurables, malgré l'usage des violents remèdes ? Nous paraîtrions abandonnés de Dieu dans
la voie de notre propre cœur, si Dieu permettait que
nous résistassions à une si horrible tempête ; nous ne
verrions plus alors que des torrents de louanges du
clergé même. Je puis me tromper, et je le suppose
sans peine ; mais il me semble qu'il nous faut ou un
changement de cœur par grâce ou une humiliation

qui ne laisse aucune ressource flatteuse à notre orgueil. »

Tout à coup le changement du cœur parut venir, le
Dauphin meurt, la cabale se dissipe. La cour est aux
pieds du duc de Bourgogne, qui n'a plus entre le trône
et lui qu'un vieillard incliné vers la tombe. Le nouveau Dauphin, libre désormais de se montrer tel qu'il
est, fait applaudir de toutes parts l'une des plus
royales natures que Dieu eût créées. Louis XIV, abdi-
quant pour lui les maximes de toute sa vie, l'associe
à son pouvoir, et commande à ses ministres de tra-
vailler avec lui. Il dit hautement à ses courtisans :
« C'est un prince qui, par sa vertu et ses talents, fera
tout mieux que moi. » Comme pour récompenser l'effort que le vieux roi a fait sur lui-même et ceux qu'il
va faire, comme pour préparer les voies à la régénération intérieure de l'état, la providence amène au
même instant, par une suite d'événements au-dessus
de toute prévoyance humaine, la plus heureuse révolution dans les conseils de l'Europe coalisée. L'élévation du prétendant d'Espagne au trône impérial, la
chute du belliqueux parti whig en Angleterre, les
récents succès de Philippe V, aboutissent à la conclu-
sion des préliminaires de Londres, et désorganisent
la ligue en détachant le plus formidable et le plus
acharné des ennemis de la France (1711).

Le retour de Fénelon à la cour et aux affaires était
jugé inévitable.

Des ennemis de l'exilé, les uns étaient morts, comme
Bossuet et le duc de Noailles ; les autres tombés en
disgrâce, comme le cardinal de Noailles ; Mme de
Maintenon vivait encore, mais primée dans la con-

fiance du roi par le père Letellier, qui se montrait dévoué aux intérêts de l'archevêque. Déjà Louis XIV
semblait avoir oublié, aussi bien que ses principes
politiques, ses répugnances personnelles. Avec la
France entière, il avait été touché du patriotique dévouement de Fénelon dans l'hiver de 1709. Avec Rome
et les jésuites, qui avaient à moitié dompté son gallicanisme, il lui savait gré d'avoir élevé contre les
jansénistes, dans la controverse du *cas de conscience,*
sa voix, la plus éloquente et la plus respectée qui fut
alors dans l'épiscopat. En plusieurs occasions ré-
centes, il avait fait l'éloge public de celui qu'il avait
chassé. Et cependant les *Dialogues des morts,* non
moins hardis que le *Télémaque,* venaient de paraître,
dérobés aussi à la prudence de l'auteur. Les généraux
et les courtisans affluaient à Cambrai, « redevenu,
dit Saint-Simon, la seule route de toutes les différentes
parties de la Flandre,» tandis qu'à Versailles les amis
de Fénelon parlaient de plus en plus ouvertement de
leurs espérances.

Fénelon s'efforça de modérer un empressement et
d'empêcher des démarches précipitées qui pouvaient
tout compromettre. Dans un mémoire adressé au
père Letellier et où il se justifiait habilement sur le
point capital du *Télémaque,* il conjura ceux qui s'inté-
ressaient à lui « de ne rien hasarder, de ne faire aucun
pas douteux pour son compte.» Au Dauphin, il traça,
selon les mêmes règles de prudence, la route à suivre
pour arriver au grand but qu'il lui avait marqué.
« Le petit prince doit prendre sur lui, plus que jamais,
pour paraitre ouvert, prévenant, accessible et sociable.
Il faut qu'il détrompe le public sur les scrupules qu'on

lui impute, qu'il soit régulier en son particulier, et qu'il ne fasse point craindre à la cour une réforme sévère dont le monde n'est pas capable. Il ne saurait trop s'appliquer à plaire au roi, à lui éviter les moindres ombrages, à lui faire sentir une dépendance de confiance et de tendresse, à le soulager dans le travail, et lui parler avec une force douce et respectueuse, qui croisse peu à peu. Il ne doit dire que ce qu'on peut porter ; il faut avoir préparé le cœur avant de dire des vérités pénibles, auxquelles on n'est pas accoutumé, » en même temps il rédigea pour lui trois écrits que lui remirent Beauvilliers et Chevreuse ; le premier exposait, sur les moyens de terminer définitivement la guerre, les vues les plus sages, celles-là mêmes qui conduisirent à la paix de 1713 ; le second était le célèbre ouvrage des *directions pour la conscience d'un roi* ; le troisième renfermait le plan détaillé de la révolution pacifique dont le nouveau Dauphin avait adopté les principes, et comprenait toute l'urgence.

Fénelon, après avoir déposé le germe et donné des conseils pour qu'il fructifiât, le laissait croître en pleine confiance. Il croyait toucher enfin à l'accomplissement de la pensée de sa vie entière. « Il touchait à sa plus cruelle épreuve ; quelques semaines après avoir reçu ses plans de réforme, le duc de Bourgogne mourait, emporté presque subitement. Louis XIV se faisait apporter les papiers de son petit-fils, y trouvait les nobles projets de Fénelon, et les livrait aux flammes en disant au duc d'Antin, qui a consigné ces paroles dans ses *mémoires*, ces gens-là ne connaissent guère les Français ni la manière dont il faut les gouverner. »

Quand Fénelon apprit le terrible événement qui contenait pour lui presque tout ce que l'âme humaine peut recevoir de douleurs, il s'écria : « tous mes liens sont rompus ; rien ne m'attache plus à la terre ; » et pendant plusieurs jours on craignit pour sa vie. «Hélas! mon cher duc, écrivait-il à Chevreuse, Dieu nous a ôté toute notre espérance pour l'Eglise et pour l'Etat. Il a formé ce jeune prince ; il l'a orné ; il l'a préparé pour les plus grands biens ; il l'a montré au monde et aussitôt il l'a détruit. Je suis saisi d'horreur et malade de saisissement. En pleurant le prince mort qui me déchire le cœur, je suis alarmé pour les vivants...»

La conjoncture était grave en effet. De nouveaux dangers s'ajoutaient à ceux qui naissaient de ce despotisme dont le redressement venait d'être encore arrêté. Le successeur de Louis XIV, c'était désormais un enfant de deux ans. La régence pouvait s'ouvrir d'un moment à l'autre ; et dans quelles circonstances ! au milieu d'une guerre désastreuse qui se prolongeait toujours et d'une crise financière qui s'accroissait incessamment, dans l'accablement et le désespoir universels ; «quand les mœurs présentes de la nation jetaient chacun dans la plus violente tentation de s'attacher au plus fort par toutes sortes de bassesses, de noirceurs et de trahisons. » La situation, réellement alarmante, le paraissait plus encore. La régence, qui pouvait s'ouvrir d'un jour à l'autre, revenait, par les droits de sang, au duc de Berry, prince nul, asservi à sa femme, fille du duc d'Orléans, et dominée par son père ; et le duc d'Orléans, que calomniaient également ses ennemis et ses mœurs, était accusé de s'être frayé un chemin au trône par trois assassinats et de préparer de nouveaux crimes pour y monter. D'uutre part, l'anarchie était au comble dans le sein de l'église de France. Les *réflexions morales* du père Quesnel, chef de la secte janséniste depuis la mort d'Arnaud, partageaient l'épiscopat et le clergé de tous les ordres. Le cardinal de Noailles lui-même, la plus importante autorité ecclésiastique du royaume, soutenait ce livre qui reproduisait les doctrines condamnées par Rome dans l'*Augustinus* de l'évêque d'Ypres. Le sentiment public, soulevé contre les jésuites et le père Letellier, encourageait le cardinal et ses nombreux adhérents; le schisme était plus imminent que jamais.

Ces périls ranimèrent Fénelon. Dans une nouvelle série de mémoires qu'il adressa à Beauvilliers, il apporta au vieux monarque, son persécuteur, le tribut de ses lumières sur toutes les questions politiques qui s'agitaient alors. Il discuta la convenance de la mise en accusation du duc d'Orléans, à laquelle on songea un moment, et dont il fit très-bien ressortir les inconvénients. Il ne regardait cependant pas comme impossibles ni les attentats imputés au duc d'Orléans, ni ceux qu'on redoutait de lui, et il raisonnait dans cette hypothèse. Il recommanda tout un système de précautions autour des deux têtes qu'on croyait menacées. Pour la régence, il proposa la formation d'un conseil de prélats et de seigneurs, d'où auraient été exclus tous les princes du sang, légitimes et naturels, que Louis XIV eût autorisé dans une assemblée de notables, et mis aussitôt en activité, soit en lui donnant dès lors une existence permanente, soit en l'assemblant cinq ou six fois l'année.

Louis XIV ne s'arrêta pas à ce projet qui blessait à la fois sa jalousie du pouvoir, et sa tendresse aveugle pour le duc du Maine. Quant au jansénisme, Fénelon s'en fit l'adversaire obstiné jusqu'à son dernier soupir. Il s'attira par là des flots de récriminations, d'outrages et de calomnies. Toutes les plumes du parti, entre autre le grand écrivain Quesnel, réveillèrent à l'envi contre lui les souvenirs du quiétisme, et dénoncèrent sa polémique nouvelle comme une vengeance contre Noailles, comme une flatterie ambitieuse pour les jésuites et pour la cour. En dehors même de la secte, beaucoup d'hommes modérés, dont l'opinion a été généralement adoptée, jugèrent que le silence eût mieux convenu à sa position. Fénelon n'en persévéra pas moins par un sentiment que nous croyons, non-seulement consciencieux, mais juste. Nul doute que cette grande et inconséquente école de Port-Royal, devenue presque l'église de France, ne tendît, surtout à l'époque dont nous parlons, à une séparation plus complète que le gallicanisme, à une sorte de constitution civile du clergé moins hardie que l'autre, mais dont la théorie y conduisait; un évêque aussi attaché à l'unité romaine que Fénelon eût trahi son devoir s'il s'était abstenu, alors que, selon ses expressions, « il tremblait que le règne de Dieu ne fût enlevé à la France, et ne passât à d'autres nations. »

Théologiquement, l'œuvre des jansénistes devait lui répugner plus encore peut-être.

En effet, de ce dogme de la grâce, déjà bien sombre dans Saint-Augustin, quoiqu'il l'appelle une *inspiration de l'amour*, n'avaient-ils pas tiré, par effroi de l'interprétation de plus en plus humaine de l'Église, et à la suite de Calvin et de Gomar, une philosophie monstrueuse qui transformait le genre humain en deux races à jamais séparées, un groupe imperceptible d'élus et un immense troupeau de damnés ; l'âme, en instrument sans puissance, sinon pour le mal ; le monde, la nature, l'art, en abîmes de perdition ; Dieu lui-même, en tyran capricieux et barbare ?

Etait-il possible à Fénelon de rester muet en face d'une pareille doctrine ? Il y allait des principes de toute son âme, et de l'emploi qu'il avait fait de toute sa vie. Si c'était là le christianisme, il n'avait jamais été chrétien, et depuis quarante ans de ministère, de prédication, de direction, il perdait les hommes et se perdait avec eux. Qu'on juge, en effet, de ce point de vue, outre sa continuelle préoccupation de la politique et des destinées terrestres, son optimisme catholique qui enseignait la toute-clémence divine, le libre arbitre, l'excellence de la création, le détachement sans la fuite, par amour et non par crainte, et se livrait avec tant d'abandon au charme de sentir et de peindre la nature, à la recherche du beau pour le beau lui-même, à l'admiration enthousiaste et à l'imitation de l'antiquité païenne. Ajoutons que Fénelon redoutait, dans le triomphe de cette lugubre et terrible théologie, une source de persécutions de la part du pouvoir, et d'hostilité au christianisme, d'irréligion ouverte de la part du monde. Il dit dans une de ses lettres au père Quesnel :

« Si votre parti devenait le plus fort, il ferait sentir à ses adversaires l'âcreté et la violence qui lui sont si

9

naturelles, et qui lui échappent souvent par les expressions les plus scandaleuses; » et dans une lettre au
P. Lami : « Leur doctrine mène tout droit au liberti-
nage le plus incorrigible. » Les deux prédictions ont
été justifiées, comme on sait. Les circonstances odieuses de l'expulsion, d'ailleurs si utile, de la société des
Jésuites, les effroyables exécutions religieuses du siècle de Voltaire et de Montesquieu, sont le crime des
Jansénistes installés en maîtres dans les parlements;
et si à la même époque la décadence depuis longtemps
croissante de la foi dans les âmes s'est soudain con-
sommée; si, en outre, à tant de cris sublimes qui re-
tentiront éternellement, se sont mêlés dans le grand
combat de la philosophie, ces cris qu'on ne répétera
plus : « Ecrasons l'infâme et plus de religion ! » ça
été, du moins pour une part notable, l'effet de ces
révoltantes doctrines qu'avait engendrées cependant,
contraste curieux, la pensée des dangers du christianisme.

Donc, par conviction dogmatique, par nature, par
instinct de défense personnelle, par haute clairvoyance,
Fénelon combattit le jansénisme côte à côte avec les
jésuites. Qu'il ne fût pas fâché de se recommander à
eux, en faisant ainsi son devoir, cela est possible,
probable même; qu'il ait été leur allié, comme Bossuet l'était des jansénistes, sur plusieurs points spé-
ciaux et, à certains égards, par la manière d'entendre
l'esprit général du christianisme; que ces affinités
l'aient conduit, comme il arriva aussi à Bossuet avec
les jansénistes, à accepter pour ses fins le concours
de la société et, par suite, à la ménager aux endroits
vulnérables, à la servir en quelques occasions, à la

défendre même, par exemple, dans le grand procès des
cérémonies chinoises, où, du reste, sous d'énormes
abus, se cachait, ainsi qu'en d'autres mésaventures
des mêmes hommes, une part incontestable de mérite
et de vérité (1); ces faits ne peuvent être niés. Mais il
ne se livra pas. « Les jésuites, dit-il, dans une de ses
lettres, ne gouvernent rien dans mon diocèse, et n'y
ont part à aucune affaire. » Il se tint scrupuleusement
en dehors de toutes leurs intrigues, et, dans la querelle qui nous occupe, du triste système de persécution tantôt sourde, tantôt violente, que dirigeait l'im-
placable orgueil de Letellier, le père-roi, comme ils
l'appelaient. Saint-Simon, qui a tracé de si admirables peintures de cette persécution, écrit sur Fénelon :
« Il fut toujours uniforme dans la douceur de sa conduite. Les Pays-Bas fourmillaient de jansénistes ou
de gens réputés tels, son diocèse en particulier, et
Cambrai même en était plein; l'un et l'autre leur furent des lieux de constant asile de paix, heureux et
contents d'y trouver du repos, ils ne s'émurent de
rien à l'égard de leur archevêque qui, contraire à leur
doctrine, leur laissait toute sorte de tranquillité; ils
se reposèrent sur d'autres du soin de leur défense, et

---

(1) On comprendra ce que nous ne faisons qu'indiquer ici en
lisant ces lignes de Bossuet sur les doctrines mises en avant par
les jésuites dans cette circonstance : « Une fausse miséricorde et
une fausse sagesse inspirent à certains savants l'inclination
d'étendre la vraie religion sur plusieurs peuples, autre que celui
que Dieu a choisi, ils s'imaginent qu'ils dégraderaient la Divinité
s'ils la réduisaient à ce seul peuple, et ils ne savent pas adorer en
tremblant les jugements de Dieu, qui livre toutes les nations à
l'idolâtrie, à la réserve de celle qu'il a séparée des autres par
tant de prodiges. »

ne donnèrent point d'atteinte à l'amour général que tous portaient à Fénelon. » Dans sa correspondance avec le gouvernement et avec ses amis de la cour, on ne rencontre pas une ligne qui ressemble, même de loin, à une insinuation malveillante, comme Lemontey en a trouvé tant dans celle d'un autre évêque immortel, l'héroïque Belsunce, ce sont toujours des appels à la douceur, des témoignages d'intérêt pour Noailles, des conseils de modération et d'humilité adressés aux jésuites, qui doivent « oublier leurs querelles particulières et dissuader le public de les considérer comme des gens odieux, qui accablent tout ce qui leur résiste. » Sur la destruction de Port-Royal, il s'exprime ainsi : « Un coup d'autorité comme celui qu'on vient de faire ne peut qu'exciter la compassion publique pour ses filles, et l'indignation contre leurs persécuteurs. » Enfin, on le voit, au plus fort de sa controverse publique avec Quesnel, et après toutes les injures qu'il en avait reçues, écrire à ce remarquable proscrit : « Plût à Dieu que vous fussiez prêt à venir à Cambrai ; je recevrais cette marque de confiance, avec la plus religieuse fidélité et les plus sincères ménagements ; je ne vous parlerais même des questions sur lesquelles nos sentiments sont si opposés, que quand vous le voudriez, si nous ne pouvions pas nous accorder sur les points contestés, au moins tâcherions-nous de donner l'exemple d'une douce et paisible dispute, qui n'altère en rien la charité. »

La discussion, une discussion indulgente pour les personnes, et toute employée à convaincre, Fénelon ne voulut pas d'autre arme contre les jansénistes aussi bien que contre les protestants ; l'usage qu'il en fit est digne d'attention. Il ne se borna pas à démontrer victorieusement à ses adversaires leur inconséquence, leur schisme déguisé, surtout après la publication de la bulle *Unigenitus;* à opposer, à leur commentaire de saint Augustin, de savantes analyses de la doctrine de ce Père, qu'il étudiait profondément depuis plusieurs années; à rappeler, à raffermir la tradition de l'Église telle qu'il la concevait; il traita philosophiquement ce grand problème de la liberté humaine; comme pour sa *démonstration de l'existence de Dieu,* il reprit tous les arguments de la sagesse païenne, et tous ceux du cartésianisme qu'à la même époque, sur un mot d'ordre venu de Rome, après délibération de l'assemblée générale de 1706, et récemment publiée par M. Cousin, les jésuites persécutaient de concert, à l'égal du jansénisme; il développa particulièrement pour sa thèse généreuse, le principe de la justice et de la bonté infinie de Dieu, et il aboutit à des conclusions si humaines, à une volonté si puissante par elle-même, à un péché original si effacé, à une grâce si générale, que la secte fut unanime à l'accuser d'avoir dépassé les plus hardis molinistes, et atteint presque la limite sur une pente au bout de laquelle elle apercevait la religion naturelle. Autre point grave et significatif, [Fénelon n'adresse pas aux seuls docteurs ses remarquables démonstrations; par une pensée où éclate bien le fond de son âme, il s'efforce de les mettre à la portée du peuple.

Déjà il avait voulu *proportionner à la faible intelligence des plus simples* ses deux traités *de l'existence de Dieu et du ministère des pasteurs,* comme le porte

le titre même du premier de ces ouvrages, et une de
ses lettres (du 5 juillet 1713) nous apprend qu'il avait
maintes fois engagé Bossuet à écrire, dans le même
but, une théologie à l'usage des ignorants. Dans les
deux dernières années de sa vie, Fénelon donna d'une
manière spéciale cette direction à sa controverse sur
l'accord du libre arbitre et de la grâce, et publia coup
sur coup douze dialogues populaires, où la matière était
présentée sous les formes les plus propres à la rendre
accessible aux dernières classes de lecteurs, et qui
eurent en effet un succès prodigieux. Qu'en pensent
les disciples de Joseph de Maistre, qui a dit, à propos
de la langue vulgaire : « L'Église catholique ne dispute qu'à regret; si on la force d'entrer en lice, elle
voudrait au moins que le peuple ne s'en mêlât pas,
elle parle donc volontiers latin. » Étrange maxime
aussi opposée à la pratique de l'ancienne Église qu'aux
instincts de l'avenir!

A l'époque où Fénelon initiait ainsi la multitude
aux plus hautes spéculations de la science religieuse,
il en démontrait les éléments à un prince qu'attendait
le souverain pouvoir. C'était le duc d'Orléans lui-
même qui avait consulté Fénelon sur les principes
fondamentaux de la destinée humaine. Une pensée
politique avait dicté cette démarche singulière, bien
plutôt que les inquiétudes du scepticisme et du re-
mords. Le roi dépérissait de jour en jour, le duc de
Berry venait de mourir, Philippe d'Orléans préparait
sa régence prochaine, contre laquelle conspiraient en
vain Louis XIV, les bâtards et le roi d'Espagne. Il
cherchait à se rallier tous les noms populaires du
règne qui allait finir, à se recommander de toutes les

idées libérales qui avaient pénétré l'esprit public, à faire saluer, dans son avénement, comme naguère dans celui du duc de Bourgogne, le triomphe de la politique de réformes, de paix, de tolérance, qui, au fond, était la sienne et à laquelle aspirait la nation. De plus, entre Dubois et Saint-Simon, il sentait le besoin, pour la réaction qu'il méditait, d'un guide sûr qui réunît l'honnêteté aux lumières, la prudence au courage. A ces différents titres, il voulait conquérir Fénelon, il y était encouragé par quelques démarches qu'avaient faites auprès de lui et de son ami Saint-Simon, pour le rappel de leur cher archevêque, Beau-villiers et Chevreuse revenus avec tous les esprits désintéressés, des soupçons funèbres, qu'ils avaient un instant partagés. Fénelon aussi jugeait alors selon la vérité ces rumeurs atroces dont il s'était naguère inspiré avec douleur. Il y avait reconnu les détes-tables inventions de la cabale de Mme de Maintenon et des bâtards, accréditées par le cynisme de ce fanfa-ron de vices. Il considérait les projets de Louis XIV sur le duc du Maine, comme un attentat et un scan-dale, et n'admettait pas davantage les prétentions de Philippe V, contraires à des traités solennels. Il con-naissait trop d'ailleurs ces deux candidats à la régence pour les préférer au duc d'Orléans. Mais il s'effrayait toujours à bon droit de l'immoralité et de l'impiété effrénées de ce prince. Le duc d'Orléans, pour lever l'obstacle, faisait briller à ses yeux, en lui deman-dant des instructions religieuses, la perspective d'une conversion commencée ou possible à diriger et à ache-ver. Ce calcul réussit. Il résulte du témoignage de Saint-Simon (qui, du reste, ne parle pas de cette correspondance), que Fénelon se montra disposé à entrer dans les vues du futur régent, et à accepter avec confiance « les premières places qui lui étaient destinées à la mort du roi; » qui sait si cette confiance était entièrement chimérique, et s'il n'y avait pas dans Philippe, pour la justifier, assez d'intérêts généreux, assez de penchants sincères, vers la personne et les idées de Fénelon?

Qui sait si cette âme faible et indolente n'eût pas subi, du moins dans l'exercice du pouvoir, la domination du génie et de la vertu habile, comme elle subit celle du vice adroit et spirituel, si la régence et l'éducation de Louis XV, soumises à une telle influence, ne seraient pas devenues aussi fécondes pour le bien, qu'elles le furent pour le mal, si le duc d'Orléans mourant n'eût pas légué à sa famille un nom glorieux, à la monarchie un système d'institutions conservatrices et un roi capable de les perfectionner?

Dieu en décida autrement. Fénelon était épuisé de travail, de mécomptes et de douleurs. Toujours languissant, depuis la mort du duc de Bourgogne, il avait vu disparaître ensuite Chevreuse, et récemment Beauvilliers. Ce dernier coup l'avait accablé. Quatre mois après, le 6 janvier 1715, il suivait ses amis dans la tombe, et laissait le champ libre à Dubois, auquel étaient réservées aussi sa mitre épiscopale, et cette pourpre du cardinalat que Rome osait accorder à l'infamie puissante, mais non à la sainteté et au génie en disgrâce.

Ainsi jusqu'au bout, avec une persévérance qui rappelle les plus nobles de l'histoire, Fénelon avait voulu et espéré la réforme de la monarchie par elle-même, et jusqu'au bout la Providence avait trompé ses vœux. Il en restait, il est vrai, des monuments dont Fénelon attendait peut-être, quelque incomplète qu'y fût l'expression de sa pensée, le résultat qu'il avait en vain poursuivi pendant sa vie.

Mais ce rêve aussi, s'il fut conçu, était trompeur. La régence s'ouvrit par une harangue de Philippe, toute composée de centons du *Télémaque,* et par la publication complète, aux frais de l'État, de ce beau livre, dont madame de Caylus écrivait alors : « On imprime le roman de M. de Cambrai, et l'on s'en promet l'âge d'or » Au lieu de l'âge d'or, la France eut l'âge de boue. Le régent avait dédié l'édition à son pupille; le pupille fut le roi du Parc-aux-Cerfs. Ajoutons toutefois, pour être juste, qu'on s'était bien gardé de lui mettre sous les yeux le livre sur lequel on inscrivait son nom. « Je demandais un jour au cardinal Fleury, raconte Voltaire, s'il faisait lire au roi le *Télémaque;* il me répondit qu'il lui faisait lire de meilleures choses, et il ne me le pardonna jamais. » On connaît le mot de Villeroi : « Sire, tout ce peuple est à vous; » il résume l'éducation qui fut donnée à Louis XV. Louis XVI en reçut une meilleure ; il lut beaucoup Fénelon durant son enfance. Il imprima même de ses propres mains, en 1766, un recueil de *Maximes politiques et morales* tirées du *Télémaque,* où se trouvaient, entre autres passages remarquables, les phrases prophétiques sur la *révolution violente* qui devait l'emporter avec son trône. A son avénement, les *directions pour la conscience d'un roi,* supprimées par Fleury en 1733, publiées à La Haye en 1746, parurent en France avec son consentement *exprès;* la même année, il appelait au pouvoir l'ignoble Maurepas au lieu du patriote Machault ; et deux ans après il congédiait brutalement Turgot, à qui il venait de dire : « Il n'y a que vous et moi qui aimions le peuple. » Il s'en faut cependant, qu'on ait à déplorer ici la vanité des entreprises du génie. La suprême sagesse ne permit pas qu'un si noble effort pour le bonheur des hommes demeurât réellement sans succès. Elle ne fit que disposer des travaux de Fénelon (comme de tant de grands esprits) autrement qu'il ne l'avait pensé lui-même. Détournées, par ce qu'on appelle le hasard, de leur première destination, propagées parmi les sujets auxquels elles n'étaient pas adressées, et par ceux-là mêmes qu'elles condamnaient, les généreuses leçons qui étaient restées stériles dans les cours ne le furent pas sur ce sol populaire où les vents du ciel en avaient porté les semences. L'influence des écrits de Fénelon, et de ses entretiens confidentiels que son élève Ramsay publia dès 1724, doit être comptée au premier rang parmi celles qui concoururent à faire de la crise qu'il redoutait le plus sublime, le plus fécond mouvement des temps modernes. Ne nous étonnons pas du respect mêlé d'amour inspiré par la mémoire de Fénelon aux philosophes du xviiie siècle, aux législateurs de nos trois assemblées, à l'universalité des écoles et des partis qui, à travers leurs luttes intestines, se sont donné la main pour détruire le vieil établissement social, dans la double période théorique et organique de la révolution française ; il est à plus d'un titre leur maître à tous ; tous se souvenaient, pour ainsi dire, d'avoir préexisté en lui.

Pour nous renfermer ici dans ses spéculations politiques, sans revenir sur sa philosophie religieuse dont
le lien n'est pas moins visible avec ce qui a suivi, il
a été le précurseur de Montesquieu et des constitu-
tionnels, des économistes et de Turgot, de Rousseau
et des démocrates, par ses idées, justes ou fausses,
sur une monarchie tempérée et entourée d'une aristocratie honorifique, et par son admiration pour le gouvernement anglais, par ses théories sur l'agriculture,
et sur la liberté commerciale, par son appel à des
assemblées nationales, à une constitution écrite, à
une loi souveraine pour tous, à une éducation publique fondée sur le principe de la paternité supérieure
de l'Etat, à la paix, à l'association, à la fraternité
universelles. Il a été l'un des promoteurs les plus
puissants de ce sentiment nouveau d'humanité que,
le premier peut-être, il appelait déjà philanthropie,
et qui fait le fond du xviiie siècle. N'est-ce pas, en
outre, du *Télémaque* et des *Dialogues des morts* que
date la reprise, au sein de la France philosophique,
de cette étude enthousiaste de l'antiquité républicaine
qui fut si utile pour aider les classes diverses à secouer
les restes du moyen âge, à oublier leurs traditions
séparées et hostiles dans la conception de l'unité nationale, à se pénétrer des grands principes et des
mâles vertus de la liberté, de l'égalité civique, de la
souveraineté populaire? N'est-ce pas encore à la suite
de Fénelon que recommença un autre travail bien fécond aussi où s'épura le précédent, je veux dire le
commentaire politique de la parole du Christ, la trans-
formation en morale sociale de la morale individuelle
de l'Evangile? Enfants de l'ère nouvelle, héritiers de

la révolution, imitons nos pères ; et dans ce prêtre romain, l'un des docteurs de l'ultramontanisme, dans ce grand seigneur trop mal affranchi du préjugé nobiliaire, honorons d'un culte affectueux, avec le type d'une vertu presque idéale, l'harmonieux Orphée de la civilisation dont nous poursuivons l'accomplissement.

Paris. — Typ. A. PARENT, rue Monsieur-le-Prince, 29 et 31.

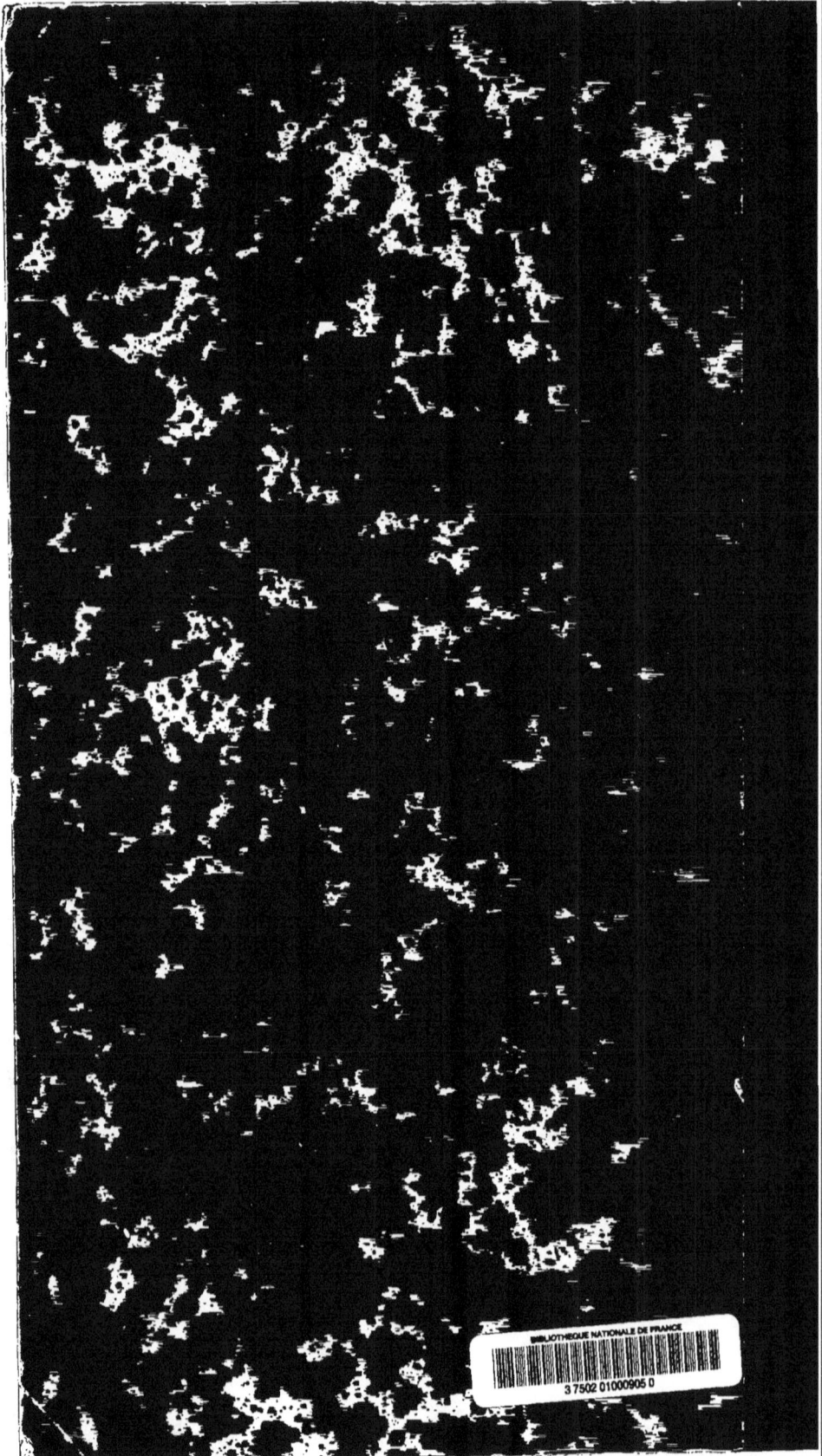

www.ingramcontent.com/pod-product-compliance
Lightning Source LLC
Chambersburg PA
CBHW072113090426
42739CB00012B/2958